Erfolgreiches
Investitionsgütermarketing

Springer

Berlin
Heidelberg
New York
Hongkong
London
Mailand
Paris
Tokio

Michael Klein

Erfolgreiches Investitionsgütermarketing

Umsatzplus nach dem MASCOTE-Prinzip

Mit 11 Abbildungen

 Springer

Michael Klein
Friedrichstraße 11
68723 Plankstadt
michael.klein@networks.de

ISBN 3-540-20533-0 Springer-Verlag Berlin Heidelberg New York

Bibliografische Information Der Deutschen Bibliothek
Die Deutsche Bibliothek verzeichnet diese Publikation in der Deutschen Nationalbibliogra-
fie; detaillierte bibliografische Daten sind im Internet über <http://dnb.ddb.de> abrufbar.

Springer-Verlag ist ein Unternehmen von Springer Science+Business Media

springer.de

© Springer-Verlag Berlin Heidelberg 2004
Printed in Germany

Umschlaggestaltung: Erich Kirchner, Heidelberg
Erstellung der Grafiken: Stefanie Kraus

SPIN 10971758   42/3130-5 4 3 2 1 0 – Gedruckt auf säurefreiem Papier

Vorwort

Dieses Buch erscheint in schwieriger Zeit. Alle Unternehmer müssen Abschied nehmen vom Automatismus des generalisierten Wachstums, der viele Fehler überdeckte. Was jetzt auf uns zukommt, ist „survival of the fittest" in einem Umfeld flüchtiger Sonder- und Firmenkonjunkturen. Fehler werden von nun an nicht mehr verziehen.

Die Unsicherheit der Verbraucher macht die Treffsicherheit von Absatzprognosen sehr problematisch. Es ist auch nicht anzunehmen, dass sich am Preisbewusstsein als wichtigstem Einflussfaktor auf das Konsumverhalten irgendetwas ändert. Ganz im Gegenteil: Weil auch der Handel sich weiter globalisiert, er damit nun auch in den Preisoasen jenseits unserer Grenzen Überkapazitäten schafft, werden bald auch dort die Margen sinken.

Die Investitionsgüterindustrie wird es spüren. Als Wachstumsimpuls aus verstärkten Rationalisierungsbemühungen der Hersteller von Konsumgütern in lohnintensiven Ländern und aus Neuinvestitionen zum Aufbau von Produktionskapazitäten in Niedriglohnländern. Damit wird das Wirtschaften auf Anbieterwie auf Abnehmerseite schwierig: Weil immer mehr bis dato nicht bekannte supranationale Wettbewerber in die nationalen Märkte eindringen, erhöht sich der Wettbewerbsdruck. Feste Kundenbindungen werden zunehmend instabil.

Weil aber die Abnehmer zunächst unsicher sind über die Leistungsfähigkeit der neuen Marktteilnehmer, werden sie nicht sofort und vorbehaltlos die neuen Angebote nutzen wollen. So bleibt also Zeit, den Angriff abzuwehren, selbst neue Märkte zu erobern oder ertragreiche Nischen als Rückzugsgebiete auszumachen. Vorausgesetzt, der Unternehmer kennt seinen Markt, ist bereit, neue zu erkunden, registriert alle wesentlichen Veränderungen, verfügt über hinreichend schlagkräftige Instrumente für Angriffs- wie Abwehrstrategien und hält Vertriebskapazitäten vor, die ihm flexibles Handeln erlauben.

Exakt für diese Aufgaben wurde das MASCOTE-Prinzip entwickelt. Der Begriff steht für „MArket SCreening and Opportunity Tracking Engine". Salopp übersetzt bedeutet es: „Suchen Sie den Kunden. Sprechen Sie ihn an und bleiben Sie dran!". Insbesondere der Imperativ „dranbleiben!" trägt den Erfolg. „Engine" steht für „Kontinuität" beim „Dranbleiben", was hierzulande absolut noch nicht selbstverständlich ist. Es besteht also Nachholbedarf in einer zugegeben schwierigen Disziplin, der mit MASCOTE leicht zu erfüllen ist – insofern besteht Hoffnung.

Dass sie realisiert werden kann, zeigt der Erfolg aus mehr als 600 Aktionen, Kampagnen, Markteintrittskonzepten und Leadgewinnungsprojekten der Net-Works Marketing AG unter durchweg stürmischen Bedingungen. Dieses Buch ist demnach ein konzentrierter, hoch pragmatischer Erfahrungsbericht, angefüllt mit Handlungsvorschlägen, deren Wirkkraft in der Praxis immer wieder neu unter Beweis gestellt wird.

Auch insofern besteht also Hoffnung; die verbliebenen Unternehmen der Informationstechnologie-Branche stellen es gerade unter Beweis. Diese Unternehmen, die aus dem Himmel des Hype gestürzt sind, und kaum, dass sie, noch taumelnd, auf die Füße gefunden haben, sofort wieder zu offensiven Marktaktivitäten übergegangen sind, belegen es: Echter unternehmerischer Geist lässt sich auch von widrigen Umständen nicht bremsen. Und wenn es gilt, von der technologischen Hoch-Arroganz zu Markt orientiertem Pragmatismus zu finden, dann meistert man halt auch das. MASCOTE hat vielen davon bei der Umstellung geholfen.

Maßstab bei MASCOTE ist allein die Wirksamkeit eines Konzeptes, einer Maßnahme, nicht deren „Schönheit". „Was hilft, das ist Medizin", dieser pragmatische Grundsatz hat unseren Kunden viele unnötige Ausgaben erspart und durchweg gute Ergebnisse gebracht. Bei NetWorks investieren wir Know-how und Kraft in *wirkungsvolle* Kampagnen, die unseren Kunden zu dauerhaftem Erfolg verhelfen. „Gimmicks" stehen für uns an letzter Stelle.

MASCOTE entwickelt sich mit jedem neuen Beratungsauftrag weiter. Das Buch stellt also eine Momentaufnahme dar. Wir haben uns daher entschlossen, neue Erfahrungen mit unseren Lesern zu teilen – unter der Homepage http://www.mascote.de. Dort finden Sie, kostenlos, die aktuellsten Informationen, Dokumente und Planungshilfen, wie sie sich aus der Praxis entwickelt haben. Falls Sie selbst etwas beitragen möchten, bin ich für jeden Hinweis oder für weitere Dokumente dankbar.

Herzlich danken möchte ich allen, die mit ihren Anregungen zum Erfolg dieser Darstellung beigetragen haben, insbesondere unseren langjährigen Kunden, die mich mit ihren wertvollen Erfahrungen unterstützt haben.

Michael Klein, Vorstand der NetWorks Marketing AG
Mannheim, im November 2003

michael.klein@networks.de
http://www.networks.de
http://www.mascote.de; diese Homepage bietet Ihnen Arbeitshilfen für die Marketing- und Vertriebsarbeit, alles kostenlos für Sie zum Download.

Inhaltsverzeichnis

1
Soforthilfe, wenn Umsatz und Deckungsbeitrag nicht stimmen

Wenn wir heute zu einem Kunden gerufen werden, weil es brennt, dann sind es oftmals der Venture Capital-Geber, Banken oder Eigentümer, die sich um ihr Beteiligungsunternehmen sorgen. Manchmal ist es fast zu spät, weil die Auftrags-Pipeline nahezu trocken gefallen ist: Neue Aufträge werden dringend gebraucht, am besten gleich in der nächsten Woche, spätestens aber im nächsten Vierteljahr. Woher aber nehmen, wenn das Absatzpotenzial für die bestehenden Produkte ausgereizt scheint, neue aber frühestens nach sechs Monaten bereit stehen werden? Wenn das Unternehmen bis dahin überhaupt noch durchstehen wird.

Auf der Intensivstation – nichts ist verloren!

Erfolgreiche Soforthilfe zu leisten ist immer besonders schwierig. Dennoch gibt es eine Chance auf einen schnellen Turnaround. Vorausgesetzt, es handelt sich bei dem Sanierungsfall nicht um einen absoluten Newcomer, sondern um ein etabliertes Unternehmen. Dann hat sich folgendes Schema für Notfälle bewährt:

• Erster Schritt: Die Kundenpotenziale aktivieren – sie sind größer, als erwartet.
• Zweiter Schritt: Sich auf die wirklichen Kundenerwartungen einnorden;
• Dritter Schritt: Die Verkaufsziele den Realitäten anpassen.

1.1
Was bedeutet: „Die Kundenpotenziale aktivieren"?

Die Potenziale finden sich auf fünf Ebenen, vier davon im eigenen Kundenbestand. Der Schwierigkeitsgrad der Potenzialausschöpfung differiert erheblich (siehe Tabelle 1).

Tabelle 1: Potenzialumfang und zu erwartender Aufwand bei der Umsetzung einzelner Akquisitionsmaßnahmen in Soforthilfeprojekten

Maßnahme	Potenzialumfang	Aufwandsvolumen bei der Potenzialrealisierung
Zukauf bereits vorakquirierter Leads	9	1
Referenzverkauf innerhalb der Organisation eines Bestandskunden	6	3
Externe Empfehlung durch Bestandskunden	5	4
Referenzverkauf an Firmen, die einem Bestandskunden ähnlich sind	4	5
Kontakte zu Firmen in der Wertschöpfungskette Ihres Bestandskunden	3	8
Erläuterung: Bewertung nach Skalierung. 1 = sehr niedrig; 10 = sehr hoch. Werte entsprechend der praktischen Erfahrung aus Networks-Sanierungsprojekten.		

1. Referenzverkauf innerhalb der Organisation Ihres Bestandskunden

Ist ein Kunde zufrieden mit Ihrem Produkt oder Ihrer Dienstleistung, wird er Sie gerne an andere Abteilungen weiter empfehlen. Nicht selten gerade dort hin, wo Sie es wegen der für Fremde meist unüberschaubaren internen Strukturen größerer Firmen nie erwartet hätten. Zum Beispiel in eine weit entfernte Niederlassung.

Sie müssen also im Kundenunternehmen einen „Paten" finden, der Sie an die relevanten Gesprächspartner und Gremien weiterreicht. Das gelingt umso leichter, je mehr der Mitarbeiter vom eigenen Nutzen der Empfehlung überzeugt ist. Dass er sich zum Beispiel als Kompetenzträger und hilfreicher Kollege profiliert.

2. Externe Empfehlung durch Bestandskunden

Neben seinem internen Netzwerk hat fast jeder Bestandskunde eine Reihe von Verbindungen außerhalb seines Unternehmens. Zum Beispiel über Verbände, Arbeitskreise, IHK-Gremien, den Rotary-Club oder regionale Unternehmerstammtische. Dazu gehören auch immer Kontakte zu Firmen, die als potenzielle Kunden für Sie in Frage kommen. Lassen Sie sich doch dort hin empfehlen! Gehen Sie dabei geschickt vor, nennt man Ihnen nicht nur interessante Firmen, sondern auch gleich den Namen eines Ansprechpartners und gibt Ihnen entscheidungsrelevante Hintergrundinformationen.

3. Referenzverkauf an Firmen, die Ihren Bestandskunden ähnlich sind

Das ist eine klassische Verkaufsmethode: Sie haben einen Kunden, der Glühbirnen herstellt. Jetzt suchen Sie Kontakt zu anderen Unternehmen, die ebenfalls Glühbirnen produzieren. Sie können sicher sein, dass man Sie zumindest anhören wird. Denn was der Wettbewerb tut, das interessiert immer.

Selbstverständlich gleichen sich die Hersteller niemals wirklich hundertprozentig. Das ist auch gar nicht der Punkt. Für Ihren Gesprächspartner ist vielmehr wichtig, dass Sie offenbar Probleme des Wettbewerbers lösen konnten, die vielleicht bei seinem Unternehmen auch eine Rolle spielen. Da möchte er lieber nicht hinterher hinken, es könnte ihm ja etwas entgehen.

4. Kontakte zu Firmen in der Wertschöpfungskette Ihres Bestandskunden
Damit stellen Kunden, Lieferanten, Vertriebspartner und Wettbewerber Ihrer Bestandskunden einen weiteren Kreis akquisitionsfähiger Unternehmen dar. Für den Kontakt zu diesen bis dahin fremden Ansprechpartnern ist ein gemeinsamer Anknüpfungspunkt wichtig – eben die Geschäftsbeziehung zu Ihrem Bestandskunden. Selbst, wenn Sie nicht dorthin empfohlen worden sind, macht es Sinn, sich auf die bestehende Geschäftsverbindung zu beziehen.

Oft verhilft schon die Aussicht auf die Weitergabe von Interna (die Sie selbstverständlich nie preisgeben dürfen) zum Erstkontakt.

5. Zukauf bereits vorakquirierter Leads
Eine unserer Spezialitäten: Seit inzwischen zehn Jahren bieten wir unseren Kunden an, ihnen vorakquirierte Projekte zu liefern, also solche, von denen wir aufgrund unserer Kontakte Kenntnis haben. Zum Beispiel über die geplante Implementierung einer neuen betrieblichen Software. Den Projektleitern in den planenden Unternehmen kann es nur recht sein, wenn sie auf diese Weise ihr Lieferantenpotenzial erweitern. Der Beratungskunde hingegen, der eine schnelle Hilfe braucht, überspringt auf diese Weise die komplette Phase der Kaltakquisition und steigt sofort in die Verkaufsverhandlungen ein.

Was aus diesen Kategorien herausfällt, muss mühsam durch Kaltkontakte erarbeitet werden. Das dauert lange, ist kostspielig und folglich keine Soforthilfe.

Aktionsregeln:
1. Setzen Sie sich doch ins gemachte Nest!
2. Nutzen Sie die Kooperationsbereitschaft Ihrer Kunden – sie ist meist größer, als Sie erwarten!
3. Nutzen Sie die vielfältigen formellen wie informellen Netzwerke der Unternehmerschaft.
4. Bedienen Sie sich der weit verbreiteten Neugier über die Performance von Geschäftspartnern, um mit bis dahin Fremden ins Gespräch zu kommen.
5. Nutzen Sie das Bestreben jedes Entscheiders, beim Wettbewerbsunternehmen keinen Know how-Vorsprung zuzulassen.
6. Vergessen Sie in der Krise jeden Versuch von Kaltakquise!

Was bedeutet: „Sich auf die wirklichen Kundenerwartungen einstellen?"

Das ist nun einmal eine eiserne Regel vor allem im Investitionsgütermarketing: Sobald der Kunde etwas von Turbulenzen im Lieferunternehmen mitbekommt, steigt seine sowieso vorsichtige Einstellung exponenziell. Denn nun treten zu den Nutzengesichtspunkten auch noch die der Investitionssicherheit. Das ist vor allem im Markt der IT-Produkte so. Denn während eine Maschine in der Regel auch noch nach der Insolvenz des Lieferanten weiter gewartet werden kann, hängt die fachgerechte Pflege eines in wesentlichen Teilen maßgeschneiderten Computerprogramms häufig von der Servicepräsenz des Lieferanten ab.

Diese Grundeinstellung schlug sich auch in den Ergebnissen einer Umfrage zu den ausschlaggebenden Elementen einer Investitionsentscheidung im IT-Bereich nieder. Die Antworten in der Reihenfolge ihrer Wichtigkeit:

Auswahlpräferenzen für Software-Lieferanten

Frage: „Was ist Ihnen beim Kauf von Software und IT-Dienstleistungen besonders wichtig?"

1. Rang: Der Anbieter muss über ausreichend viele (mehr als 10) Referenzen verfügen und schon einige Jahre (mehr als 5) am Markt tätig sein.
2. Rang: Es muss sich um einen wirtschaftlich stabilen Anbieter handeln; am besten mit einem Großunternehmen als Eigentümer.
3. Rang: Sein Angebot/seine Anwendung muss zu unserer vorhandenen IT-Umgebung passen.
4. Rang: Durch sein Angebot/seine Anwendung muss ein wirtschaftlicher Nutzen darstellbar sein, den wir unserer Geschäftsführung/unserem Controlling vermitteln können.
5. Rang: Wir verlangen Investitionssicherheit, insbesondere eine klare Linie beim Support und bei der Weiterentwicklung der Produkte.

Quelle: Networks Marktstudie 2001

Solche Einstellungen machen es gerade jetzt besonders schwierig, kleineren Unternehmen zu einem Neustart zu verhelfen. Denn aufgrund der vielen Insolvenzen in den Jahren 2002 und 2003 vorwiegend kleinerer Anbieter wächst die Tendenz, sich nur mit noch größeren, am besten Konzern gestützten Anbietern einzulassen.

Aus dieser Sackgasse hilft dann häufig (vor allem bei kleineren Betrieben), der Hinweis auf den technologischen Vorsprung Ihres Angebots (soweit es diesen überhaupt gibt) und auf die Flexibilität Ihres Services, der den eines Konzernanbieters gerade bei kleineren Kunden weit übertrifft. Bedenken Sie: Kein Mittelständler ist daran interessiert, sich in die Abhängigkeit eines übermächtigen Lieferanten zu begeben. Sie müssen Ihre Versprechen aber auch einhalten können.

Aktionsregel 7: Nutzen Sie die gerade bei kleinen und mittleren Unternehmen weit verbreitete Abneigung gegen die Abhängigkeit von großen, unüberschaubaren und damit potenziell unberechenbaren Lieferanten.

Was bedeutet: „Die Verkaufsziele den Realitäten anpassen"?

Nicht selten entwickelt sich eine Krise aus den unrealistischen Vorstellungen über das, was der Markt hergibt. Daraus entstammen überfrachtete Investitionspläne und ein überdimensionierter Personalbestand, der nur mit hohen Kosten abgebaut werden kann. Die Folge sind Umsätze, die die Kosten nicht hereinspielen und erhebliche Probleme mit Kredit gebenden Banken, die sich getäuscht fühlen.

In dieser Phase ist es einfach (und daher üblich), die Misere den „unproduktiven" Vertriebsmitarbeitern zuzuschieben, ohne nach den Gründen für die mangelnde Produktivität zu fragen. Wie aber soll ein Vertriebsmitarbeiter mit der immer noch üblichen pauschalen Anforderung, „auch dieses Jahr wieder 15 Prozent mehr Umsatz" zu machen, produktiv sein? Vor allem, wenn er sich mit den Folgen einer allgemeinen Investitionsmüdigkeit konfrontiert sieht?

Im Zweifelsfall verkauft er ausschließlich die preisgünstigen Selbstläufer mit dem niedrigen Deckungsbeitrag, um seine Vorgaben zu erfüllen. Und setzt sich kaum für die schwieriger unterzubringenden, dafür aber umso gewinnträchtigeren Neuprodukte ein.

Sinnvolle Vertriebsvorgaben orientieren sich an Deckungsbeiträgen[1] und an der strategischen Rolle eines jeden Produkts. Zum Beispiel so:

- verkaufe 100 Stück von Produkt A nach Preisliste 1;
- verkaufe 60 Einheiten von Dienstleistung B nach Preisliste 2;
- verkaufe 10 Stück von Produkt C an Partner nach Preisliste 3.

Solche Vorgaben können aber nur dann sinnvoll aufgestellt werden, wenn die Rolle eines jeden Produkts sowohl aus Sicht des Controllers (Deckungsbeitrag) und der Unternehmensentwicklung (strategischer Ansatz – Produktportfolio, Abbildung 1) analysiert wurde.

Deckungsbeitragsanalyse wie Portfolio-Methode setzen einen schonungslosen und unsentimentalen Umgang mit den Produkten voraus. Das ist besonders bei kleineren Unternehmen nicht immer leicht. Wenn ein Manager der ersten Reihe vor Jahren ein bis vor kurzem noch erfolgreiches Produkt mitentwickelt hat, dann fällt es ihm hin und wieder schwer einzusehen, dass sein Lieblingskind jetzt weniger oder gar keine Käufer mehr findet und dass jede Investition in die Neubelebung nur noch bedeutet, anderswo dringend benötigtes Geld aus dem Fenster zu werfen.

Es ist bei der Definition der Verkaufsziele zudem wichtig, die Bedeutung der Vertriebspartner individuell zu berücksichtigen. Ein Partner, Händler oder freier Vertreter, der regelmäßig bedeutende Mengen zu Preisen abnimmt, die einen hohen Deckungsbeitrag einbringen, muss natürlich personal- und damit kostenintensiver betreut werden als einer, der nur hin und wieder einmal bei Ihnen kauft. Bei der Bewertung der Handelspartner hat sich eine Einteilung von A bis D eingebürgert. „A" bedeutet dann zum Beispiel: „VIP – Very Important Partner". Muss regelmäßig besucht werden. D" bedeutet dann etwa: Wenig und unregelmäßiger Umsatz. Betreuung ausschließlich über Internet.

---

1 Deckungsbeitragsrechnung: Methode der Kostenanalyse, bei der dem Erlös einzelner Produkte oder Produktgruppen die von diesen verursachten Kosten gegenübergestellt werden. Also die Kosten der Produktentwicklung, des Vertriebs und alle direkt zurechenbaren Verwaltungskosten. Zum Beispiel das Gehalt des mit den Produkten befassten Produktmanagers. Deckungsbeitragsrechnungen lassen sich auch über die Leistung von Vertriebsmitarbeitern und/oder Vertriebskanälen aufstellen.

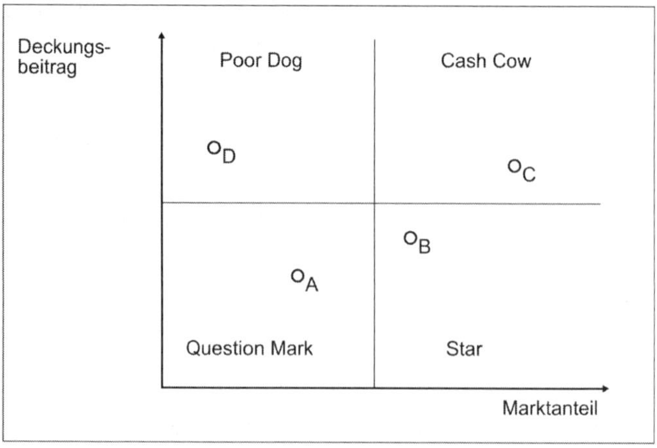

Abb. 1: Beispiel für ein strategisches Produktportfolio

An den festgestellten Strukturen sowohl im Portfolio, wie auch bei den Vertriebspartnern sollte in der Erste-Hilfe-Phase nichts verändert werden. Denn das Geld, das für die Weiter- oder gar Neuentwicklung der Produkte oder der Weiterqualifizierung der Partner aufgewendet werden müsste, ist meist nicht mehr vorhanden.

Nicht zuletzt ist es wichtig, bei der Planung der Vertriebsziele zu wissen, wie der Markt ausschaut. Das ist nicht ganz einfach, weil entsprechende Daten oft nicht zur Verfügung stehen und wenn doch, dann eher pauschal. Für die Vertriebsvorgaben sind aber auch vage Trends wichtig.

Ein Trend, der sich aus Befragungen der Networks AG für die nächsten Jahre ergibt, mag zumindest den gebeutelten Herstellern von IT-Produkten ein wenig Zuversicht einflößen: Die Bereitschaft, in IT-Technik zu investieren, hat merklich zugenommen (Abbildung 2). Und wo in IT investiert wird, so die Faustregel, folgen bald auch wieder die Investitionen in Maschinen, was wiederum weitere Investitionen in IT-Lösungen generiert.

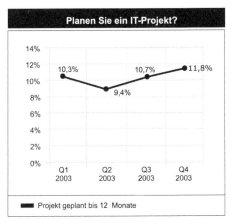

Abb. 2: Quartals-Planungsübersicht. Beispiel: Investitionsbereitschaft in IT-Technik. Befund: Es geht wieder aufwärts

Eins zum Schluss dieses Abschnitts: Wenn Sie sich schon die Mühe machen, dem Vertriebsmitarbeiter differenzierte Vorgaben zu setzen – torpedieren Sie dessen dadurch gewonnenen Motivationsschub nicht gleich wieder, indem Sie ihm die Vorgaben diktieren. Es gilt die bei erfolgreichen Unternehmen unübertretbare Regel, dass jeder Mitarbeiter die Definition seiner Leistungsziele mitgestaltet. Das geschieht meist im Jahresgespräch.

1.2
Der Umbau der Arbeitsabläufe im Vertrieb – die Zeit besser nutzen

Sie haben sich in der Krise ganz auf die Vervielfältigung der Verkäuferprofitabilität zu konzentrieren. Wo liegen die Reserven? In den Lästigkeitsfaktoren, die vertriebsfremde Arbeiten mit sich bringen.

Wenn eine Analyse des jährlichen Arbeitsaufwands Ihrer Vertriebsmitarbeiter zu diesem Ergebnis kommt:

- Reisezeiten 1.000 Stunden
- Akquisitionszeiten 600 Stunden
- Angebote, Büroarbeit 300 Stunden
- Kundenkontakt 300 Stunden

… dann wissen Sie, dass Ihr Außendienst nur 15 Prozent seiner Zeit für seine originäre Aufgabe, den Kundenkontakt, aufwendet.

Die daraus folgende Aktionsregel 8, in vielen Jahren praktischer Beratungsarbeit immer wieder bestätigt: Wenn's wirklich brennt, dann setzen wir die drei Killerfaktoren „zu lange Reisezeit", „falsch organisierte Akquisitionszeit" und „überbordende Büroarbeit" außer Kraft und haben damit die Umsätze meistens schon um 10 bis 15 Prozent gesteigert.

Hände weg vom Adressenschrott!

Was braucht der Vertrieb noch, um Ihr Unternehmen wieder nach vorn zu bringen? Die Konzentration auf das, was er am besten kann: verkaufen. Und nicht: Datenschrott verwalten. Das heißt: Viel zu oft erhalten Vertriebsmitarbeiter ungefilterte Anfragen. Sie werden mit einem Stapel e-Mail-Anfragen, mit Visitenkarten, die irgendjemand auf einer Messe gesammelt hat oder mit einer Bitte um Rückruf konfrontiert – ohne dass sich vorher ein Kollege vom Innendienst um die Klärung der dahinter stehenden Relevanz bemüht hat. Zum Beispiel über

- Name und Funktion des Anfragenden,
- für welches Produkt er sich am meisten interessiert,
- wann ein Besuch genehm sei und
- was das Unternehmen produziert.

Meist reicht es für die Beantwortung dieser Fragen, einen kleinen internen Fragebogen zu entwerfen – selbstverständlich nach Abstimmung mit den Vertriebsleuten.

Damit filtern Sie leicht die irrelevanten Anfrager heraus, die Sie zum Beispiel mit einem Prospektversand befriedigen können. Denn etwa die Hälfte der Anfragen birgt keinerlei Potenzial. Ein Viertel kommt von Infosammlern wie Studenten, der Presse oder von Unternehmensberatern, die für Ihre Firma zwar auch interessant sein können, mit denen die Vertriebsleute aber nichts zu tun haben sollten – aus welchen Gründen auch immer. Nur ein letztes Viertel der Anfragen ist also vertriebsrelevant und sollte einen Verkäufer erreichen.

Kaltakquise outsourcen!

Einmal davon abgesehen, dass wir Kaltakquise ohne unterstützende Referenzen in der Phase der Sanierung als eher unproduktiv beschrieben haben – manchmal muss sie sein. Aber bestimmt nicht durch den Außendienst zu erledigen. Bedenken Sie:

Gute Vertriebsmitarbeiter sind Persönlichkeiten, die fachliche Fähigkeiten mit wertvollen sozialen Eigenschaften verbinden, die man nicht so einfach erlernen kann. Sie können überzeugen, präsentieren, geschickt argumentieren, denken analytisch und verstehen damit die Aufgabenstellungen des Kunden; sie sind agil, fleißig und unbeirrbar optimistisch.

„Im Büro sitzen zu müssen" empfinden sie als eine raffinierte Form der Bestrafung. „Berichte schreiben" ist für sie eine Qual; „Kaltakquise per Telefon" eine Form der Folter. Das macht man wirklich nur, wenn sonst gar nichts mehr geht. Selbstverständlich ist die Kollegin/der Kollege des Vertriebs auch am Telefon „gut". Es gibt ja auch Ärzte, die gut Taxi fahren. Beides stellt aber eine sinnlose Verschwendung von Geld und Ressourcen dar.

Wundern Sie sich jetzt aber nicht, dass Ihre Vertriebsleute dennoch geradezu versessen sind auf eigene Kaltakquise. Sie sollten lieber intensiv über die Gründe dafür nachdenken. Denn vielleicht liegt gerade hier der Kern Ihrer Krise: Wir haben festgestellt, dass nahezu überall dort, wo der Außendienst sich mit Telefonakquise abgibt, er nur deshalb diesen Job übernimmt, weil der Innendienst seine Aufgaben nicht richtig erfüllt. Meist stellt sich heraus, dass das Callcenter, intern oder extern, mangelhaft arbeitet. Ob nun aufgrund schlechten Briefings oder unqualifizierter Mitarbeiter, sei zunächst einmal dahingestellt – Sie müssen diesen Umstand auf jeden Fall sofort abstellen!

Denn diese Erfahrungen sind fatal für den Erfolg der Bemühungen um den Turn Around. Ein Außendienstmitarbeiter, der erst einmal schlimme Erfahrungen mit schlecht aufbereiteten Kontaktadressen gemacht hat (manchmal sind sie durch ungeschicktes Verhalten der Backstage-Mannschaft sogar auf Dauer wertlos geworden), braucht lange, um wieder Vertrauen zu fassen.

Aktionsregel 9: Liquidieren Sie für alle Zeiten die Ressourcenvergeudung „Kaltakquise" aus dem Arbeitsprogramm des Vertriebs. Sichern Sie sich dafür lieber qualifizierte Dienstleister!

1.3
Nach der Intensivstation –
wie Sie den Stoffwechsel Ihres Unternehmens neu einzustellen haben

So viel zu den Grundzügen des Notarzt-Einsatzes. Wenn Sie dann endlich vom Tropf, aber noch längst nicht gesund sind, ist es Zeit, die grundsätzliche Ausrichtung Ihres Unternehmens zu überdenken.

Dafür haben wir als Medizin das MASCOTE-Prinzip. Aber bevor wir Sie damit zur Kur schicken, möchten wir Ihnen, wie jeder gute Arzt, die Grundzüge Ihres jetzt hoffentlich bewussteren und gesünderen Unternehmenslebens aufzeigen.

Die Geschichte vom Anbieter einer Software für Dachdecker zeigt deutlich die Chancen, die in einem professionellen Investitionsgütermarketing stecken:

Mitte der 80-er Jahre lernten wir ein Unternehmen kennen, das Softwarelösungen für Dachdeckerbetriebe herstellte. Darauf war man durch die Zusammenarbeit mit einem Dachdeckerbetrieb gekommen. Der Geschäftführer des Softwarehauses fokussierte seinen Betrieb kompromisslos auf diese Zielgruppe. Bald waren Vertriebspartner gefunden, Geschäftsstellen bundesweit eingerichtet und erheblich investiert worden. Wer auch immer in diesem Softwarehaus eingestellt wurde, musste zuerst für zwei Wochen in einem Dachdeckerbetrieb mitarbeiten. Auch die Ehefrauen der Dachdeckermeister wurden einbezogen und zu Seminaren und Lehrgängen eingeladen. Die Orientierung an den Bedürfnissen der Zielgruppe kannte keinen Kompromiss.

Was waren die Erfolgstreiber in dieser Unternehmenskarriere?

Die kompromisslose Ausrichtung des Produkts auf die Abnehmergruppe: IT-Lösung für Dachdeckerbetriebe. Es ist dies eine klassische Nischenstrategie mit all ihren charmanten Möglichkeiten der Ausbreitung in benachbarte Märkte.

Die Einbeziehung des Kunden in die Produktentwicklung: Hier sogar die Ehefrauen der Dachdeckermeister. Eine sehr erfolgsträchtige Strategie. Denn sobald die Kunden erfahren, dass ihre Anregungen direkt in die Weiterentwicklung der Produkte einfließen, ist der Verkaufserfolg nahezu garantiert.

Die genaue Kenntnis der Märkte: Das ging in diesem Fall bis hin zur Verpflichtung aller Mitarbeiter, eine Zeitlang als Dachdeckergehilfe gearbeitet zu haben. Auch die Ehefrauen der Meister in den belieferten Betrieben gaben wichtige Hinweise, denn sie sind es, die die Rechnungen schreiben und andere Dispositionen treffen. Marktkenntnis heißt ja nicht nur, die statistische Entwicklung einer Branche zu kennen, sondern viel mehr noch die Arbeitsabläufe und Planungsgewohnheiten dort.

Die Mikromarketing-Strategie. Der Begriff umfasst die Praxis, Produkte so maßgeschneidert wie möglich anzubieten. Denn: Der zunehmend anspruchsvollere Kunde sucht die Problemlösung, die möglichst exakt auf seine Bedürfnisse passt. Die Ansprüche werden immer filigraner.

Die nachhaltige Entwicklung des Zielmarktes durch kommunikative Maßnahmen – in diesem Fall durch Seminare und Lehrgänge. Ohne zielgruppengerechte Kommunikation, es muss sich ja nicht immer um teure Werbung handeln, bleibt jedes Unternehmen krisenanfällig.

Die dadurch erzielte Kundenbindung – es ist viel kostengünstiger, einen Bestandskunden zufrieden zu halten, als einen neuen Kunden zu gewinnen.

Die Konzentration auf einen einzigen Vertriebsweg – hier auf spezialisierte Handelspartner. Die Konzentration ist wichtig, weil ein mehrkanaliger Vertrieb auf die Dauer zu erheblichen Reibungsverlusten und zum Preisverfall führt.

Der ökonomische Umgang mit den Entwicklungsressourcen. Der Unternehmer hat den Fehler vermieden, jedes nur denkbare Feature von vorne herein zu berücksichtigen. Dadurch kam die Entwicklung preiswert, und sie war schnell durchgeführt. Die Weiterentwicklung erfolgte durch die Einbeziehung der Anwender schnell, kundennah und verkaufsaktiv. Dieses Vorgehen sparte Zeit, vermied den Ärger mit möglicherweise überforderten Anwendern und generierte Nachverkäufe.

Jetzt sind Sie also über den Berg. Ihre Aufgabe ist es nun, den neu gefundenen Erfolg zu verstetigen. Es beginnt also die Rekonvaleszenz. Wir schicken Sie auf die MASCOTE-Kur. Und reden ab sofort nie mehr von Krankheiten.

2
MASCOTE >Market Screening<
Die Marktanalyse

2.1
Marktanalyse – warum? Beispiele aus der Praxis

Die Zeiten, in denen das Wachstum jeden Fehler überkompensierte und der Anbieter sich keinen Deut um die Erwartungen der Kunden scheren musste, sind vorbei. Wer jetzt noch dem Wahn nachhängt, sein Unternehmen brauche eine systematische Markterkundung nicht, führt dessen Ende vorsätzlich herbei. Selbst dann, wenn er aufgrund seiner Vertriebsstärke nah am Markt zu agieren meint. Denn in einem Wirtschaftsumfeld, in dem selbst die großen Unternehmen sich in Nischen breit machen, ist es wichtig, das eigene Handeln stets nach den aktuellen Gegebenheiten auszutarieren und die Trends im Auge zu behalten.

Zwei Beispiele zeigen die fatalen Folgen unterlassener Marktanalysen. Es sind dies Beispiele, die deutlich machen, wie verheerend sich die Falscheinschätzung der eigenen Position gegenüber den Kunden auswirkt. Sie zeigen zudem, dass es kein Luxus ist, sich permanent selbst infrage zu stellen. Vor allem Führungskräfte zeigen hier Defizite – umso gefährlicher für das Unternehmen.

Was passieren kann, wenn ein Unternehmen das Selbstbewusstsein seiner Kunden falsch einschätzt

Ein namhafter Softwarehersteller, der als ernste Konkurrenz zur SAP AG gehandelt wurde, verfügte über ein vielfach einsetzbares Programm für die Erledigung aller betriebswirtschaftlichen Aufgaben in typischen Fertigungsunternehmen. Es konnte zudem von Energieversorgern, Handelsunternehmen und dem öffentlichen Dienst eingesetzt werden.

Das Unternehmen profitierte davon, dass speziell Mittelständler nicht immer gerne eine Geschäftsverbindung mit einem „übermächtigen" Partner, wie zum Beispiel der SAP AG, eingehen wollen: „Dort bin ich nur eine kleine Nummer, wenn einmal etwas nicht funktioniert". Nicht ernst genommen zu werden, sich erdrückt zu fühlen, ist für viele Unternehmer das Motiv, eben gerade nicht beim Marktführer zu kaufen. Deswegen hatte die SAP AG über viele Jahre immer wieder Probleme, im Mittelstand Kunden zu gewinnen. Der Herausforderer kam also genau zur richtigen Zeit.

Nachdem er einen fast mustergültigen Vertrieb aufgebaut hatte, gingen die Verkaufszahlen sprunghaft nach oben. Die Börse honorierte den Höhenflug. Schon wurde gerätselt, wann das Unternehmen wohl die Milliarde Dollar an Umsatz überschreiten würde. Dass es so kommen musste, war für alle klar.

Plötzlich horchte die Branche ungläubig auf: Der deutsche Chef hatte erklärt, dass an „kleinen Kunden" mit weniger als 500 Millionen Dollar Jahresumsatz kein Interesse mehr bestünde. Man würde sich ausschließlich auf Kunden mit mehr als 1 Milliarde DM Umsatz fokussieren.

Dieser Vorstoß wurde nicht verstanden. Etliche Mittelständler reagierten sofort verärgert. Sie fürchteten, in Zukunft ohne Serviceleistungen dazustehen und von der technischen Weiterentwicklung des Programms abgeschnitten zu sein. Einige davon wechselten gleich zu SAP; andere, die vor der Anschaffung eines solchen Programms standen, beendeten die Verhandlungen.

Einige PR-Ungeschicklichkeiten schufen zusätzliche Probleme. Endgültig schwierig wurde die Situation, nachdem man die Akquisition von Neukunden tatsächlich auf Großunternehmen verlegte. Die aber setzten bereits damals schon überwiegend das Programm R/3 der SAP AG ein.

So entpuppte sich die neue Strategie als Rohrkrepierer. Es mag ja berechtigt sein, die großen Wettbewerber in ihren Domänen anzugreifen – aber doch nicht frontal. Und auch nicht unter Vernachlässigung der bis dato erfolgreich eroberten Märkte. Nachdem mehrere hundert Mitarbeiter bereits entlassen worden waren, fand sich ein Käufer für das angeschlagene Unternehmen, der ihm eine rabiate Sparkur verordnete. Seitdem hat es gewaltig an Marktbedeutung verloren. Es spielt nur noch in der dritten Liga eine Nebenrolle.

Was passieren kann, wenn das Potenzial einer Nische nicht realistisch eingeschätzt wird

Der Internet-Hyflyer, von dem hier die Rede ist, beschäftigte auf dem Höhepunkt seiner Bedeutung über tausend Mitarbeiter. Die ersten Erfolge hatte das Unternehmen mit einer „Butter und Brot"-Software erzielt, die für etwa 15.000 € verkauft wurde. Um aber noch viel erfolgreicher zu werden, wurde eine XXL-Version dieser Software entwickelt, die ab 500.000 € zu haben war. Auch dafür fanden sich Kunden, aber eben nicht so viele, wie man gehofft hatte. Das Problem: Statt die möglichen Zielkunden nach ihren Planungen zu befragen und das tatsächliche Potenzial für derart teure Produkte zu eruieren, investierte man lieber in erheblichem Umfang in Werbung, Öffentlichkeitsarbeit und Vertrieb.

Im Jahr 2001 musste das Unternehmen mehrfach seine Ziele nach unten korrigieren. Der versprochene Turnaround von roten zu schwarzen Zahlen wurde stets verfehlt. Ende 2001 gab man schließlich bekannt, für 2002 würden geringere Umsätze als 2001 erwartet. Im Jahr darauf verlief die geschäftliche Entwicklung noch schlechter. Inzwischen geht das Unternehmen bei einem Börsenkurs unter zwei Euro einer recht ungewissen Zukunft entgegen.

Während die Beispiele oben zeigen, wie gefährlich es ist, an der falschen Stelle zu sparen, wird das folgende Mut machen, marktrelevante Entscheidungen auf den Prüfstand der Marktanalyse zu stellen.

Wie es gelingt, sich bei relevanten Entscheidern unverzichtbar zu machen

Ein mittelständisches Unternehmen, das wir beraten durften, stellt Hochtemperaturdämmungen her, wie sie zur Abschirmung von Katalysatoren, Turbinen und anderen sehr heißen Oberflächen benutzt werden. Das Geschäft läuft seit etlichen Jahren recht ordentlich. Der Sohn des Gründers und Juniorchef suchte jedoch nach Möglichkeiten, das Geschäft auszuweiten, nach einer Wachstumsstrategie also. Die Analyse des Status quo ergab:

1. Ein von vielen mittelgroßen Anbietern gemildertes Oligopol: Während die wenigen Großanbieter sich ausschließlich auf die Produktion von Großserien konzentrierten (anders wären sie nicht auf ihre Kosten gekommen), hatten sich die Kleinen und Mittleren auf maßgeschneiderte Kleinserien spezialisiert. Das Unternehmen, um das es hier geht, unser Kunde, gehört zu den Mittleren.

2. Die Werbung für die Produkte beschränkte sich im Wesentlichen auf den Versand einer Imagebroschüre. Wenn es bei einem Weiterverarbeiter einen Bedarf an Hochtemperaturdämmungen gab, die in Kleinserie produziert werden sollten, griff der Konstrukteur dort zum Telefon und bat den Vertriebsmitarbeiter um einen Besuch. Beim darauf folgenden Gespräch ging es ausschließlich um Konstruktionsdetails, wobei der Vertriebsingenieur erhebliches Know how einbrachte. Über Preise und andere Anbieter wurde nicht viel diskutiert, weil es nur um kleine Serien ging und der Konstrukteur nicht viel Interesse daran hatte, sich wegen eines vergleichsweise weniger wichtigen Bauteiles großartig den Kopf zu zerbrechen.

Wir haben hier die klassische Situation, in der ein Unternehmen über Fachwissen verfügt, das für bestimmte Anwendungsfälle interessant ist. Der Vertrieb ist allerdings rein passiv und reaktiv eingestellt: Wenn der Kunde anfragt, wird er zuverlässig bedient – mehr nicht. Ein Geschäft ohne spürbare Risiken, aber auch ohne merkliche Höhepunkte.

Ein Geschäft auch, bei dem Passivität die Geschwindigkeit des Unternehmens diktierte. Uns war sehr schnell klar, wo der Erfolgstreiber der Zukunft saß: In der Umwandlung des passiven in einen aktiven Vertrieb.

Wie aber den umwandeln? Und vor allem: Wie die Gefahren vermeiden, die möglicherweise darin lauern, dass Konstrukteure plötzlich aktiv angesprochen werden, statt dass auf deren Anforderungen gewartet wird? Könnten sie sich vielleicht überrumpelt, gar überfordert fühlen?

In ersten vorsichtigen Experimenten wagte das Unternehmen den Schritt in die neue Richtung. Schnell stellte sich heraus, dass es den Konstrukteuren, obwohl ungewohnt, spürbar angenehm war, am Telefon umworben zu werden. Sie gaben bereitwillig Auskünfte über Konstruktionsprojekte sowie Kooperationsmöglichkeiten, die für unseren Kunden relevant waren und bestellten entsprechend.

Erfolg dieser Umstellung war, dass bereits nach drei Monaten die Fläche der Musterbauwerkstatt verdoppelt werden musste. Erste Neueinstellungen erfolgten. So ging es kontinuierlich weiter. Heute kann sich niemand mehr vorstellen, wie der Verkauf früher erfolgt war.

Wir nennen das den „Dornröscheneffekt". Der potenzielle Kunde muss einfach nur „wachgeküsst" werden. Wie der Kuss beschaffen sein musste, das zeigt die Marktanalyse auf.

2.2
Ziel und Inhalte der MASCOTE-Marktanalyse

Die Marktanalyse liefert die notwendigen Informationen und Daten für die Marketingstrategie. Damit soll der Einstieg in neue Märkte sicher gemacht werden. Zudem braucht die Geschäftsleitung einen Überblick über Umfang und Eigenschaften der Teilmärkte, in denen das Unternehmen bereits arbeitet, um die weitere Entwicklung zu planen.

Bevor der erste Euro in Produktentwicklung, in Werbung oder Vertriebsarbeit gesteckt wird, muss klar sein, mit welchen Einflüssen und Umfeldbedingungen das Unternehmen im Markt zu rechnen hat. Die so ermittelten Kenntnisse müssen in jede marktrelevante Entscheidung einfließen – zum Beispiel noch vor der Produktentwicklung, während des Entwicklungsprozesses und nachher. Denn nach der Markteinführung ist vor der Markteinführung. Dasselbe gilt selbstverständlich für die Entwicklung einer Werbekampagne oder die Optimierung des Vertriebs.

Da ist die Marktanalyse der bestehenden Situation eigentlich nur eine Momentaufnahme. Denn natürlich verändern sich Märkte, selbst während das Produkt oder die Kommunikationskampagne entwickelt werden. Je dynamischer die Märkte sind, umso sorgfältiger muss daher der Fluss der Dinge registriert werden, um daraus Trendkanäle zu erschließen.

Ein solcher Trendkanal war die Erkenntnis, dass die Leistung der Computerchips sich binnen 18 Monaten in etwa verdoppelt. In der Folge richteten sich alle Hersteller nach dem Moore'schen Gesetz. Die Verbraucher ebenfalls und mit ihnen die Preisgestaltung.

Ein Trendkanal war sicher auch der rasante Höhenflug der Internet-Idee. Oder die Zuwendung zu Convenience-Produkten. Von der Erkenntnis, dass immer mehr Verbraucher zu vorgefertigten Speisen greifen, profitieren nicht nur die Hersteller von Tiefkühlnahrung, sondern auch alle Unternehmen, die dieser Industrie Maschinen liefern. Man spricht von Megatrends.

Die Subtrends unter den Megatrends ausmachen

Für den mittelständischen Hersteller von Investitionsgütern ist es von existenzieller Bedeutung, die sich aus den Megatrends entwickelnden Subtrends zu erkennen, wenn nicht gleich beim Verbraucher, so doch bei den Methoden der Vorprodukt-Vorbereitung und -Weiterverarbeitung. Ein Beispiel: Ein Software-Entwickler hat den wachsenden Einsparbedarf von Großschlachtereien entdeckt. Prompt entwickelte er ein Bild gebendes Verfahren, das den individuellen Körperbau jedes einzelnen Stücks Schlachtvieh erfasst und dem Schlachtermeister Vorschläge macht, wie die Zerlegeschnitte angesetzt werden müssen, damit möglichst wenig minderwertiger Abfall entsteht. Manche Entwickler erspüren solche Trends intuitiv, die meisten brauchen dafür jedoch instrumentelle Unterstützung.

Nur Markterkundung gibt Hinweise auf die Durchsetzungskraft von Innovationen

Die Bedeutung der Marktanalyse wird weiter klar, wenn wir uns einmal den Konsumgütermarkt im Vergleich zum Investitionsgütermarkt anschauen. Im Markt der Markenartikel werden fast 70 Prozent der Produkteinführungen erfolglos abgebrochen, obwohl man teilweise schon über Jahrzehnte hinweg Erfahrungen über Käuferverhalten, Farbpräferenzen, Markennamen und Kundenwünsche gesammelt hat.

Die Erkenntnis, dass ein neues Produkt sich nicht durchsetzt, erhält der Verantwortliche aus der Marktanalyse; die Erwartung, dass es gehen könnte, hat ihm zuvor allerdings auch die Marktforschung vermittelt. Das bedeutet jedoch nicht, dass Marktforschung, die sich gegenseitig aufhebt, ein sinnloses Nullsummenspiel ist, sondern dass sich zwischen der Erprobung der Idee und der Erprobung der ersten Dummies die Umfeldbedingungen so verändert haben, dass mit einer Akzeptanz des Produkts nicht mehr zu rechnen ist.

Das Versagen eines neuen Produkts kommt den Hersteller derart teuer, dass er lieber die Entwicklungsinvestitionen abschreibt, als das Risiko trotzdem einzugehen.

Derart wild geht es im Investitionsgütermarketing nicht zu. Für eine nachhaltige Produktentwicklung und -pflege sind aber möglichst exakte Antworten auf die folgenden Fragen unabdingbar:

Welche Teilzielmärkte gibt es? Volumen?

Welche Anteile der Teilzielmärkte sind durch welche Wettbewerber besetzt?

Welches noch nicht bediente Potenzial ergibt sich daraus?

Welche Käuferstruktur (Branche, Betriebsgrößen) bedienen die Wettbewerber?

Welchen Nutzen suchen die Käufer der Wettbewerbsprodukte?

Gibt es Nutzen, die vom Kunden gesucht, aber noch nicht angeboten werden?

Gibt es Käufertypen, die noch nicht (ausreichend) bedient werden?

Welche Stimmungen, Meinungen und Vorurteile gegen einzelne Wettbewerber und deren Produkte gibt es?

Wie zufrieden sind die befragten Anwender mit den Wettbewerbsprodukten?

Die Kaufgründe aus Sicht der Anwender?

Welche Normen und Vorschriften müssen wir beachten?

Wie lange dauert es durchschnittlich bis zur Kaufentscheidung?

Zu welchen vorhandenen Systemen oder Einrichtungen muss die beschaffte Lösung passen, um einsetzbar zu sein?

Um Antworten auf diese Fragen zu finden, müssen Sie mit den Teilnehmern des Zielmarkts in Kontakt treten. Das kann durch Brief, E-Mail, Internet oder Telefon erfolgen, in eigener Regie oder mithilfe von Dienstleistern. Wichtig ist, dass die Ergebnisse signifikant sind, also die tatsächlichen Verhältnisse möglichst genau wiedergeben. Entweder Sie selbst oder Ihr Dienstleister sollten daher über das notwendige Fachwissen in Statistik verfügen.

2.3
Das relevante Volumen eines Zielmarktes abschätzen

In vielen Fällen wird es Ihnen nicht möglich sein, die Zielmärkte in ihrem ganzen Volumen zu beschreiben. Die Gründe dafür sind meistens:

• Es sind nicht alle Anwendungsmöglichkeiten Ihres Produktes bekannt und/oder
• Die Gesamtzahl der Unternehmen, die Ihr Produkt benutzen könnten, ist unklar.

Das macht nichts, denn in einem professionellen Marketing gilt auch die Regel vom „Mut zur Lücke". Sie werden ohnehin nicht alle, nicht einmal alle relevanten Zielmärkte auf einmal erschließen können.

Daher sollten Sie die Marktanalyse entlang des relevanten Produktnutzens gliedern und Ihre Strategie danach ausrichten.

Wer das mit besonders großem Erfolg praktiziert hat, war die japanische Firma Honda, vormals ein reiner Motorenhersteller. Die Manager dort suchten sich Märkte, in die hinein sie ihre Motoren entwickelten – bis sie dann dazu übergingen, um die Motoren auch noch Gehäuse zu bauen. So entstanden die ersten Honda-Automobile. Honda orientierte sich stets an der Nutzenerwartung, die mit ihren Motoren verbunden war und optimierte sie entsprechend.

Diese Orientierung an der Nutzenerwartung lässt sich auf alle Investitionsgüter übertragen – auf große wie auf kleine Aggregate, auf Software-Lösungen und auf Dienstleistungen von der Maschinenwartung bis zur Büroreinigung.

Allerdings muss der Hersteller auch die Grenzen des Möglichen vor Augen behalten. Denn der Einstieg in die Endfertigung ist wirklich nur ein Sonderfall – nicht aber die Umstellung zur Komponentenfertigung, wie in der Automobilindustrie inzwischen ja üblich. Auch hier kann nur eine permanente Marktanalyse zum frühzeitigen Erkennen des Durchsetzbaren verhelfen. Wie geht man vor? Nehmen Sie als Beispiel einen Kompressor. Er könnte eingesetzt werden:

• Im Farbspritzgerät,
• In einem Hochdruckreiniger,
• Für pneumatische Einrichtungen,
• Zum Betrieb eines Presslufthammers,
• Für einen Airbrush.

Für diese Anwendungen kommt selbstverständlich nicht ein einziger Typ von Kompressor in Frage. Der Presslufthammer stellt ganz andere Anforderungen als ein Airbrush oder Farbspritzgerät. Somit definieren sich in diesem Beispiel die Zielmärkte durch die Größen „benötigter Druck" und „verfügbares Volumen an Luft".

Für jeden einzelnen Nutzen kann ein Teilzielmarkt bestimmt werden. In jedem Teilzielmarkt untersuchen wir unsere Marktstellung im Vergleich zum Wettbewerb.

Am Schluss erhalten wir eine einfache Tabelle, die sich an den Anwendungsbereichen des Produkts orientiert und uns zeigt, für welche dieser Anwendungen wir welchen Marktanteil bereits erworben haben. Die Strategen werden daraus ableiten, welchen Anteil Sie in den nächsten Planungsperioden erreichen sollten.

Käuferstrukturen ermitteln

Die Käuferstruktur zeigt uns, welche Art von Kunden welches Produkt oder welche Dienstleistung nutzen. Ziel ist, Lücken aufzufinden, in die wir stoßen können. Hier ein Beispiel aus der EDV-Branche (Tabelle 2):

Tabelle 2: Käuferstrukturanalyse am Beispiel der Marktabdeckung mit Virenschutzprogrammen in einzelnen Wirtschaftsbereichen

	Marktabdeckung mit Virenschutzprogrammen		
Zahl der Mitarbeiter	Im Handel	In der Fertigung	In Banken
< 50	15 %	19 %	85 %
50 – 250	28,5 %	44 %	92,5 %
> 250	46,1 %	56,5 %	99,5 %

Das Beispiel – es entstand aus mehreren Studien – zeigt die Defizite deutlich auf. Denn da Unternehmen jeder Größe von Virenattacken gleichermaßen bedroht sind, müsste eigentlich eine gleich hohe Versorgung mit Schutzprogrammen vorhanden sein. Das ist aber nicht der Fall. So bietet sich an, die am wenigsten gut ausgestatteten Wirtschaftsbereiche in den Mittelpunkt der Vertriebsbemühungen zu stellen.

2.4
Zufriedenheitsanalyse erstellen

Wer an sein Produkt glaubt, verfällt leicht in den Glauben, dieses müsse wohl die beste Problemlösung an sich darstellen und könne kaum übertroffen werden. Das ist normal, aber eingeschränkte Kritikfähigkeit schränkt auch die Marktchancen ganz erheblich ein. Zumal zumindest einige Kunden nicht immer die Meinung der Hersteller teilen. Daher sollte man wenigstens seine Imagedefizite kennen, um sie auffüllen zu können (Tabelle 3).

Jeder Unternehmer sollte aber auch die Defizite des Wettbewerbers kennen. Denn wenn dieser seine Kunden nach dem Motto „Liefern und Vergessen" bedient, dann ist das Tor für den offen, der einen guten After Sales-Service bietet.

Bei der Käuferzufriedenheit handelt es sich um einen der vielen „weichen" Faktoren, die die Entwicklung eines Unternehmens entscheidend mit prägen. Vor allem dann, wenn die Produkte austauschbar werden, ihr Grundnutzen also von allen Wettbewerbern gleich gut erfüllt wird. Dann sind die weichen Faktoren diejenigen, die den Kaufentscheid steuern. Das ist der Grund, warum die Markenartikelindustrie so viel Geld für Werbung ausgibt. Und das ist zugleich der Grund, warum sich auch in der Investitionsgüterindustrie der Markengedanke mehr und mehr durchsetzt.

Die notwendigen Informationen über die eigenen und fremden Defizite liefert eine gut gemachte Befragung. Dabei werden nicht nur die eigenen Kunden befragt, sondern auch die der Wettbewerber. Am Schluss erhalten Sie eine Übersicht, aus der Sie die Unterschiede in der Einschätzung der Marktteilnehmer erkennen können. Sie dient zur Vorbereitung wirkungsvoller Vertriebs- und Imagestrategien.

Tabelle 3: Beispiel für eine Zufriedenheitsanalyse

Frage: Wie zufrieden sind Sie mit dem Gerät XYZ der Firmen A, B und C?	Gerät des Herstellers		
	A	B	C
	Durchschnittliche Bewertung		
Der Funktionsumfang des Gerätes ist ausreichend.	3,8	1,2	4,3
Das Gerät konnte reibungslos in den Betriebsablauf integriert werden.	2,8	3,4	5,1
Das Gerät konnte nach dem Einbau ausreichend schnell genutzt werden	1,3	3,1	4,9
Das Gerät arbeitete im ersten Jahr nach dem Einbau ohne Ausfälle.	1,0	2,2	4,5
Das Gerät erweist sich im praktischen Einsatz als zuverlässig.	1,8	1,2	3,6
Das Gerät lässt sich gut bedienen.	2,0	1,5	4,4
Die Bedienung des Gerätes ist schnell gelernt.	1,8	1,2	3,9
Die mitgelieferte Dokumentation genügt den Ansprüchen voll und ganz.	4,0	3,6	5,3
Das Gerät hat sich in der Bedienung als sicher erwiesen.	1,3	1,6	4,2
Das Verhältnis von Preis und Leistung ist angemessen.	3,1	3,9	5,7
Der technische Kundendienst entspricht unseren Anforderungen voll und ganz.	2,1	5,6	1,5
Wir würden das Gerät heute wieder kaufen.	2,3	3,3	5,8
Bewertung vorgegebener Einstellungen (linke Spalte) durch Benotung. 1 = Stimme der Aussage voll und ganz zu; 7 = Stimme der Aussage überhaupt nicht zu.			

Bei diesem Beispiel handelt es sich um Ergebnisse einer Befragung, bei der die Teilnehmer um ihre Zustimmung zu bestimmten Aussagen gebeten wurden. Je nachdem, wie stark sie mit der Aussage übereinstimmten, konnten sie Noten vergeben (die Fragenliste ist beileibe nicht vollständig).

Sind Sie Lieferant A, wissen Sie jetzt, dass Sie sich mit B in der Kundenzufriedenheit einen heißen Wettbewerb liefern. Wenn Sie einem der Wettbewerber Kunden abjagen wollen, sollten Sie das bei C versuchen. Sind Sie Lieferant C, wissen Sie wenigstens, wo Ihre Baustellen liegen.

Üblicherweise fügt man diesen „Bewertungsfragen" noch einige offene Fragen hinzu, in denen der Befragte seine Meinung frei äußern kann. Zum Beispiel:

- Zu welchem Zweck setzen Sie das Gerät ein?,
- Wie viel Zeit war nötig, bis sie es praktisch nutzen konnten?
- Wie lange benötigt ein Mitarbeiter, um die Bedienung zu erlernen?
- Welche Eigenschaften und Verbesserungen würden Sie sich wünschen, damit das Gerät als „perfekt" gelten kann?

Es ist im Übrigen zweckmäßig, die Befragung durch ein neutrales Unternehmen durchführen zu lassen. Wenn Sie als Anbieter die Kunden Ihres Wettbewerbs selbst befragen, dann ist nicht nur die Menge an Auskünften deutlich geringer als beim neutralen Marktforscher. Sie werden auch erleben, dass eine Reihe von Auskünften „gefärbt" ist und so die Statistik verderben.

2.5
Die Analyse der Kaufgründe

Jetzt kennen Sie zwar wichtige Imagefaktoren ihres Produkts; Sie wissen aber immer noch nicht, weshalb es gekauft wurde. Kaufgründe zu analysieren, ist nicht immer ganz einfach, da Investitionsentscheidungen meistens von einem Gremium, dem „Buying-Center" getroffen werden. Die dort tätigen Personen haben oft genug ganz unterschiedliche Motive, sich für oder gegen einen Anbieter und sein Produkt zu entscheiden. Natürlich spielen auch Emotionen eine Rolle. Auch bei solchen Befragungen arbeiten wir mit Aussagen, die zu benoten wir die Befragten bitten. Einige dieser Statements lassen sich auch mit der Auswahlmöglichkeit „ja/nein/weiß nicht" beantworten, andere lassen offene Stellungnahmen zu.

Aus der Vielzahl der Bewertungen und Nennungen filtern wir jene heraus, die am häufigsten genannt werden. Dabei haben wir die Erfahrung gemacht, dass zwei Entscheidungsgründe nahezu Standard sind in den Unternehmen: Der Hinweis auf den Faktor Trägheit und die Tatsache, dass Individualität verkauft.

„Faktor Trägheit" bedeutet: Die Angst, Fehler zu machen, ist auch in der Wirtschaft weit verbreitet. Es ist ein absoluter Irrglaube, dass seine technische Überlegenheit einem Produkt geradezu zwangsläufig zum Durchbruch verhilft. Oft ist gerade das Gegenteil der Fall: „Bewährtes" wird bevorzugt.

„Individualität verkauft" bedeutet: Wer das Produkt nach den Vorgaben des Kunden maßschneidert – manchmal reicht sogar ein Aufkleber mit dem Kundenlogo – hat oft schon gewonnen! In Tabelle 4 finden sie eine Auswahl typischer Statements und Befragungsthemen.

Tabelle 4: Beispiel für eine Kaufgrundanalyse

Frage: Was hat Sie zum Kauf des Geräts XYZ von der Firma A, B oder C bewogen?	Gerät des Herstellers		
	A	B	C
	Durchschnittliche Bewertung		
Weil es unserem Leistungsbedarf entsprochen hat.	5,4	3,2	1,9
Weil wir schon mehrere Geräte der Firma XYZ gekauft haben.	3,6	2.8	4,4
Wir haben mit dem Hersteller XYZ meist sehr gute Erfahrungen gemacht.	2,5	3,7	2,6
Wir haben sehr viel Erfahrung mit dem Vorläufer dieses Geräts.	5,3	1,2	4,1
Wir wollten unser Personal auf keinen neuen Gerätetyp einschulen.	3,3	1,5	6,1
Es ist kompatibel zu einem anderen Gerät, das bei uns im Einsatz ist.	2,8	3,4	4,0
Der Hersteller war bereit, am Standardgerät Modifikationen nach unseren Ansprüchen vorzunehmen.	5,9	4,3	4,1
Der Hersteller hat überzeugende Referenzen vorgelegt.	6,3	3.6	5,2
Wir haben die Maschine aufgrund einer Empfehlung aus einem befreundeten Unternehmen angeschafft.	3,1	2,8	4,4
Ein wichtiger Kunde hat darauf bestanden, dass wir dieses Gerät einsetzen.	5,5	6,1	2,8
Wir können den technischen Kundendienst selbst durchführen.	3,7	4,2	5,3
Das Preis-/Leistungsverhältnis war überzeugend.	4,1	3,8	2,6
Bewertung vorgegebener Einstellungen (linke Spalte) durch Benotung. 1 = Stimme der Aussage voll und ganz zu; 7 = Stimme der Aussage überhaupt nicht zu.			

2.6
Die Nutzenerwartungsanalyse

Jeder, der eine Maschine kauft oder eine Dienstleistung ordert, tut das, weil er sich davon einen Nutzen, einen Vorteil für sich und/oder seine Firma erwartet. So weit, so simpel.

Wer aber fragt, warum er von zwei in der Leistung wie im Preis gleichartigen Maschinen gerade die eine und nicht die andere ausgewählt hat, gerät in ein ganzes Bündel von Nutzenserwartungen, in dem auch emotionale Gesichtspunkte eine erhebliche Rolle spielen.

Es gibt zusätzlich das Phänomen, dass die produkttechnische Differenzierung vom Käufer gar nicht mehr wahrgenommen wird. Das ist oft der Fall bei High Tech-Produkten aller Art. Wenn die Werbung für (vermeintlich) hochtechnische Güter wie PCs, DVD-Player oder Stereo-Anlagen den Betrachter mit technischen

Fachbegriffen nahezu totschlägt, resigniert dieser (abgesehen von einigen echten Freaks), lässt die Features links liegen und orientiert sich nur noch am Image des Anbieters, zum Beispiel „Media-Markt" und dem Preis – Geiz ist geil.

So etwas gibt es auch im Investitionsgütermarkt. Wenn sich der Markt für zum Beispiel Software-Lösungen so differenziert, dass auch im Entscheidergremium keine eindeutige Beurteilung gefunden werden kann, werden letztlich die emotionalen Argumente den Zuschlag entscheiden. Es ist also überaus wichtig, die „harten" (die rationalen) wie die „weichen" (die emotionalen) Faktoren zu kennen. Was aber gehört, abgesehen von der Produktleistung, zu den „harten" und was zu den „weichen" Produktnutzen?

Harte Produktnutzen

Selbstverständlich gibt es immer Güter, die eine echte Innovation darstellen. In diesem Fall verfügt der Anbieter über ein Alleinstellungsmerkmal (auch USP genannt – Unique Selling Proposition). Wer über einen solchen USP verfügt, ist seinem Wettbewerb eine Nasenlänge voraus. Der Nutzen, der aus dem USP entsteht, ist einer der härtesten Faktoren, mit dem sich ein Anbieter gegenüber dem Wettbewerb vorteilhaft positionieren kann. Aber längst noch nicht der für den Kauf Ausschlaggebende. Wir kommen später noch darauf.

Harte Faktoren sind also die, die das Produkt per se mitbringt, die eigentliche Leistung. Eine Schraube muss sich in das dazu passende Gewinde drehen lassen; ein Kompressor muss Gase oder Flüssigkeit verdichten; auf einem Stuhl muss man sitzen können.

Manche davon müssen sogar per Verordnung oder Vereinbarung gleich sein – dann greifen die DIN-Normen. Zum Beispiel die für Schrauben, Kompressoren oder Stühle. Sie sind austauschbar. Und das in der Regel umso mehr, je weniger deren Design mit dem Grundnutzen in Verbindung zu bringen ist. Auf einem schön geschwungenen Sessel im Konferenzraum plaudert man gerne – aber dreht man auch eine Schraube lieber ins Gewinde, nur, weil ein berühmter Designer sie entworfen hat? Wenn Sie derartige Produkte herstellen, kennen Sie das Problem, mit diesen auch nur einen einzigen Käufer wirklich zu begeistern.

Einer hat es geschafft. Der kam auf die Idee, die mausgrauen Schaumstoffrohre, die im Keller zur Isolierung von Wasserleitungen verwendet werden, bunt zu färben. Und schon ist er zum Marktführer aufgestiegen.

Weiche Produktnutzen

Das sind die Auswirkungen der „weichen" Faktoren: Zusatznutzen zum Grundnutzen, die, wenn sie dem Produkt beigegeben werden, dieses auf der Stelle aufwerten.

Nun unterteilen sich die Zusatznutzen weiter in rationale und emotionale. Die Farbe auf den Isolierrohren bietet einen emotionalen Nutzen, wenn sie ausschließlich der optischen Aufwertung dient. Hilft sie aber Ordnung zu halten, ist der Zusatznutzen rational begründet. Oder besser: rational und emotional. Denn es verbietet dem Installateur und dessen Lagermeister niemand, die Isolierschäume schön zu finden – wie sie die Atmosphäre im Lager auflockern und wie sie sich gerade und bunt unter der Kellerdecke entlang ziehen.

Das ist der Königsweg: Emotionale und rationale Zusatznutzen untrennbar zu verbinden. Ein Logo drauf – und die Marke ist entstanden. Drei weitere dieser rational/emotional kombinierten Zusatznutzen:

Das Servicveversprechen

Rational ist die Sicherheit, die dem Kunden gegeben wird, dass sein neues Gerät professionell gewartet wird. Emotional wird es, wenn damit ein Zeitrahmen und mit ihm eine Kompensationsleistung angeboten wird: „Wenn wir das Gerät nicht innerhalb von 24 Stunden repariert haben, zahlen wir eine Konventionalstrafe". Emotional deshalb, weil damit die Wettsucht und die Gier angesprochen werden, die eine Minderleistung tolerierbar, fast möchte ich sagen: begehrenswert macht. Trotzdem darf diese Einsicht in psychologische Regeln nicht zur Schludrigkeit verführen. Denn es soll Kunden geben, die nicht zocken.

Das Systemkonzept

Alles aus einer Hand. Die Spiegelreflexkamera plus Objektive. Die Badezimmerinstallation plus Badezimmermöbel. Der rationale Nutzen ist, dass alles zusammenpasst sowie aufeinander abgestimmt und erweiterungsfähig ist. Der emotionale Nutzen kommt aus der Freude an der Perfektion und dem Stolz, sich etwas zugelegt zu haben, das etwas teurer ist als die Massenware.

Nur gibt es Grenzen, über die der Systemgedanke hinaus nicht strapaziert werden darf. Rational erlebte Grenzen, wie zum Beispiel die logistischen Folgeprobleme (die liegen eher beim Hersteller) und emotionale, die eher beim Käufer liegen. Der Hersteller von Badarmaturen Grohe hat das frühzeitig festgestellt: „Wir sind kompetent für Armaturen und alles, was in deren Umfeld Wasser leitet". Aber ganz bestimmt nicht für Kloschüsseln und Handtuchhalter. Man muss diese Grenzen sehr genau kennen, um sich nicht heillos zu verzetteln.

Produktindividualisierung

Der Computerhändler DELL macht es vor: Der Kunde stellt seinen Rechner aus einzelnen Komponenten so zusammen, wie er für seine Bedürfnisse optimal ist. Der rationale Aspekt: kein Geld für Unnötiges ausgeben und sich nicht über suboptimale Leistung ärgern müssen. Der emotionale Aspekt: Stolz auf den „Eigenbau", Beweis der eigenen hohen technischen Kompetenz.

Allerdings zieht die Individualisierung nur dann, wenn sich der Besteller über die Seriosität des Lieferanten sicher ist. Er ihm also glaubt, dass die bestellten Teile auch eingebaut werden und dass die Komponentenbeschreibung auch zutrifft. DELL muss also ständig seine Glaubwürdigkeit überprüfen.

Es ist schwer, solche Nutzenerwartungen aus den tatsächlichen und potenziellen Kunden herauszukitzeln. Aber es ist machbar und lohnt die Mühe. Sichern Sie sich dafür aber professionelle Unterstützung!

Stimmungen, Meinungen und Vorurteile

Deutlich wurde: Der technische Vorsprung alleine ist es nicht unbedingt, der ein Entscheidergremium für den Kauf eines neuen Gerätes einnimmt. Das ist in der Tat eine der grundlegenden Fehleinschätzungen im Investitionsgütermarketing: Der Glaube an die Macht der Zahlen, Kurven, Diagramme und Einsparungspotenziale.

Dabei spielen in der Praxis Stimmungen, Meinungen und Vorurteile eine recht große Rolle. So wird kaum ein Unternehmen ein Investitionsgut bei einem Anbieter kaufen, der als „unsicher" gilt. Derlei Gerüchte können äußerst geschäftsschädigend sein. In der Krise des Neuen Marktes (2001/2002) haben zahlreiche dort notierte Unternehmen erhebliche Absatzprobleme bekommen, weil sie als jung und daher als unsicher galten. Die Krise hat bewirkt, dass aus dem bis dato so vorteilhaften Imagebündel „New" jetzt nicht mehr die Aspekte „jung" und „gut für unkonventionelle Lösungen" zum Tragen kamen, sondern die Komponente „unzuverlässig" und „wirtschaftlich ungesichert".

Wer den Stimmungsumschwung nicht frühzeitig erkannte, raste mit immer schnellerem Tempo in den Abgrund. Nur: Wie lässt sich so etwas erkennen? Stimmungen entstehen durch Gerüchte über Unternehmen, ihre Strategien und Produkte. Dies können beispielsweise sein:

- Wirtschaftliche Situation eines Unternehmens, seine Bonität;
- Verhalten, Einstellung und Äußerungen der Führungskräfte des Unternehmens;
- Wichtige Produkteigenschaften;
- Meinungen, für welche Art von Unternehmen ein Produkt geeignet sei;
- Berichte und Gerüchte über gescheiterte Projekte;
- „Pannen", die es bei einem Unternehmen gegeben hat;
- Prozesse, die das Unternehmen oder sein Management führen;
- Preispolitik, Lizenzpolitik (vor allem bei Software);
- Technischer Kundendienst, Serviceleistungen, Servicefähigkeit und der
- Umgang des Unternehmens mit einzelnen Kundenkreisen.

Alle diese Faktoren sind „weiche Informationen", die oft auch noch fehlerhaft weiter gegeben werden. Lassen Sie mich dazu ein Beispiel aus der Datenverarbeitung geben.

Eines der erfolgreichsten Unternehmen der Softwarebranche ist zweifellos die SAP AG in Walldorf. Nach einer Anlaufphase wurde zunächst das Produkt SAP R/2 auf den Markt gebracht. Dieses Produkt war ausschließlich bei Großunternehmen im Einsatz und nur auf Großrechenanlagen lauffähig. 1993 wurde es von SAP R/3 abgelöst, mit dem das so genannte Client/Server-Konzept zum Standard wurde. Dieses erspart die Einrichtung eines Rechenzentrums im Unternehmen – eine Entwicklung, die speziell für mittelständische Unternehmen von großer Bedeutung ist.

Wer nun aber glaubt, der Mittelstand hätte sich der SAP bedingungslos in die Arme geworfen, der irrt. SAP hatte lange gegen das Vorurteil zu kämpfen, ein Mittelständler könne sich SAP R/3 nicht leisten, weil das Produkt zu mächtig, seine

Einführung zu langwierig und das ganze System viel zu teuer sei. Es gab mehrfach Schreckensgeschichten in der Fachpresse zu lesen, wonach eine SAP-Installation dafür verantwortlich war, dass ein Unternehmen in Konkurs gegangen war. Schadenersatzprozesse wurden ausgefochten, vor allem in den USA. Das Unternehmen konnte diesem Meinungsbild nur mit den allergrößten Anstrengungen gegensteuern. Geholfen hat ihm dabei kontinuierliche Beobachtung aller Marktparameter und ein darauf aufbauender Dialog mit allen Zielgruppen.

2.7
Wie stellt man Stimmungen, Meinungen und Vorurteile fest?

Die einfachste Technik ist zugleich recht wirkungsvoll. Befragen Sie eine Person, die Ihnen geeignet erscheint, nach dem Motto: „Was sagen Sie als Experte zu diesem Thema?" Der von uns ernannte Experte wird in der Regel eine brauchbare Auskunft geben, falls wir nicht wirklich gänzlich daneben gegriffen haben. Welche Personen eignen sich nun zum Experten? Es können dies sein:

- Endkunden, die unser Produkt oder ein Wettbewerbsprodukt einsetzen;
- Journalisten;
- Fachleute aus Verbänden;
- Aussteller, die Sie auf Fachmessen befragen;
- Besucher auf dem Messestand, die sich für Ihr Produkt interessieren;
- Fachautoren, deren Artikel Sie gelesen haben.

Wenn Sie diese Auskünfte auswerten, sollten Sie immer darauf achten, wer die Information unter welchen Bedingungen gegeben hat. Speziell bei Messen stellen wir immer wieder fest, dass dort eine besondere Stimmung herrscht. Messebesucher sind generell redseliger, oft in etwas gehobener Stimmung. Mancher, der im „richtigen Leben" nicht sehr viel entscheiden darf, fühlt sich dort auf einmal frei und wichtig. So kommen Fehleinschätzungen zustande, die sich nicht so einfach erkennen lassen.

2.8
Aufbau und Durchführung der Marktanalyse – Grundkonzept Themenwahl

Jede Marktuntersuchung beginnt mit der korrekten Themenwahl. Mit deren wohlüberlegter Definition entscheidet sich bereits ein Teil des späteren Erfolges und, selbstverständlich, auch der Kostenaufwand. Ein zu breit angelegtes Thema kann nur mit vielen Kontakten ausreichend genau beleuchtet werden. Damit wird die Untersuchung recht teuer und nimmt viel Zeit in Anspruch.

Wird das Thema hingegen enger, fokussierter gesetzt, dann genügen weniger Kontakte in die Zielgruppe, um zu validen Auskünften zu gelangen. In vielen Fällen ergibt es Sinn, einen großen Themenkreis in mehrere Einzeluntersuchungen aufzugliedern. Wenn die Untersuchung sich auf den Bereich gewerblicher Endabnehmer bezieht, kann man die Teilstudien meist ganz gut gliedern nach:

- Branchen,
- Betriebsgrößen,
- Art des Betriebes innerhalb einer Branche und
- Verwendungszweck Ihres Produktes.

Sie lassen also zum Beispiel nur Entscheider befragen, die in der für Sie wichtigen Branche beschäftigt sind. Oder in Unternehmen ab einer für Sie relevanten Größe. Wichtig ist nur, dass diese Merkmale für Ihr Unternehmen wirklich signifikant sind – faktisch oder hypothetisch. Denn es kann ja auch sein, dass die Branche oder der Unternehmenstyp, von dem Sie sich einiges erhoffen, gar nicht so viel hergeben. Dann hat Sie die Befragung vor einer teuren Fehlinvestition bewahrt. Damit sind Sie bereits mitten in der schwierigen Aufgabe der

Teilnehmerauswahl

Die richtige Auswahl der Teilnehmer einer Befragung ist ein kompliziertes Unterfangen. Zunächst die Quellen, aus denen das Adressmaterial stammen kann. Es sind dies:

- Adressverlage,
- CDs unterschiedlichster Herkunft und Qualität,
- Verzeichnisse von Branchenverbänden, auch im Internet,
- Firmenverzeichnisse, wie „Wer liefert was?" oder die Handbücher des Hoppenstedt-Verlages,
- Messekataloge,
- Ihre eigene Kundendatei, sofern sie gut gepflegt ist,
- Die Akquisitionsdatenbank Ihrer Vertriebsorganisation (Interessentendaten),
- Sammeln von Stellenanzeigen (mühsam, aber recht informativ),
- Referenzlisten von Wettbewerbern,
- Suchmaschinen im Internet und
- Themenorientierte Marktplätze im Internet.

Alle Quellen sind mit Fehlern behaftet. Sie können davon ausgehen, dass selbst die Datenbanken Ihres Vertriebs nicht komplett und aktuell sind.

Sofern es sich um externe Quellen handelt, stoßen Sie auf die Folgen eines Zielkonflikts: Die Adressverlage, aus deren Bestand häufig die Teilnehmer von Befragungsaktionen akquiriert werden, verdienen ihr Geld damit, möglichst viele Adressen zu verkaufen. In Deutschland verändern sich aber pro Jahr zehn bis fünfzehn Prozent der gewerblichen Anschriften und Telefonnummern. Firmen fallen aus dem Markt, fusionieren, werden verkauft, aber auch viele neue Unternehmen entstehen.

Die Adressverlage sind jedoch rein wirtschaftlich nicht in der Lage, die Vielzahl der Daten ständig aktuell zu halten. Daher gibt es in der Regel keinerlei Garantie dafür, dass die gelieferte Telefonnummer oder Anschrift korrekt sind oder gar der ausgewiesene Ansprechpartner noch im Unternehmen beschäftigt ist. In der Praxis kann diesem Problem nur dadurch begegnet werden, dass die Adresse zunächst durch einen Telefonkontakt verifiziert wird, bevor Sie versuchen können, Interviewtermine auszumachen.

Auswahl der Zielpersonen

Die nächste wichtige Überlegung stellt sich zur Auswahl der Zielpersonen, die kontaktiert werden sollen. Wenn unser Kontakt am Telefon erfolgt, somit relativ aufwendig ist, dann wollen wir möglichst nur mit einer einzigen Person sprechen. In diesem Fall benötigen wir einen Ansprechpartner, der uns zu allen Fragen eine Auskunft geben kann. Da die Unternehmen ganz unterschiedlich strukturiert sind, ist die Aufgabe, exakt diese Person zu ermitteln, höchst knifflig.

Es lohnt sich, vor Beginn der Ermittlungen etwas Arbeit in eine einfache Matrix zu investieren. Wir geben hier ein Beispiel (Tabelle 5). Dabei ging es um die Frage, wie das Controlling in Betrieben verschiedener Größenordnung strukturiert ist. Die Tabelle zeigt (grob), welche Personen man ansprechen muss, um ein Telefonat zum Thema „Controlling" zu führen. Die Branchenzugehörigkeit haben wir als Merkmal weg gelassen, obwohl auch sie eine Rolle spielt.

Tabelle 5: Matrix zur Bestimmung von Zielpersonen im Investitionsgütermarketing

Betriebsgröße	Für das Controlling verantwortliche Person
Kleiner als 100 Mitarbeiter	Geschäftsführer / Inhaber
100 – 500 Mitarbeiter	Leiter Rechnungswesen
Größer als 500 Mitarbeiter	Controller
Beispiel: Verantwortlichkeit für Controllingaufgaben in unterschiedlich großen Unternehmen. Der Aufbau einer solchen Matrix hilft Fehlversuche bei der Akquisition von Gesprächspartnern zu vermeiden.	

Wenn Sie Adressen bei einem Verlag beschaffen, fragen Sie unbedingt nach, wann die Daten zuletzt aktualisiert wurden. Sie kommen sonst sehr leicht in die Situation, die Ansprechpartner über die Telefonzentrale des Zielunternehmens feststellen zu müssen: „Wer leitet bei Ihnen das Controlling?". Da zahlreiche Betriebe aus Angst vor Headhuntern solche Auskünfte grundsätzlich nicht mehr geben, müssen Sie sich mühsam „durchfragen". Das kostet Zeit.

Sollen gar Fragebögen per Post auf die Reise gehen, dann bleibt Ihnen bei nicht aktuellen Adressen nur noch die Möglichkeit, Ihre Sendung „zu Händen der Geschäftsleitung" zu adressieren. Damit stehen Sie in der „Hackordnung" ganz unten, als völlig unwichtig. Ihr Fragebogen gelangt vermutlich gar nicht mehr ins Chefbüro, sondern lediglich in den nächsten Papierkorb.

Wer führt die Marktuntersuchung durch?

Für den Erfolg einer Marktuntersuchung ist ein kompetentes, erfahrenes Team unverzichtbare Voraussetzung. Die naive Vorstellung, dass man schnell einmal einige Personen in fremden Unternehmen anrufen und ihnen Fragen stellen kann, auf die relevante Antworten erfolgen, hat viele Betriebe schon jede Menge unnötig verpulvertes Geld gekostet. Es ist nämlich eine echte Kunst

- einen Fragebogen zu formulieren,
- Interviews durch geeignete Kontaktansprache vorzubereiten und
- die Teilnehmergruppe so zusammenzusetzen, dass sie auch verwertbare Ergebnisse bringt.

Was nutzt es Ihnen, wenn Sie den gehetzten Assistenten eines Konstruktionsleiters erwischen, der Ihre Fragen nicht versteht, weil diese zu lang sind und mit Ihrer Maschine nicht das Geringste zu tun hat, sein Kollege drei Türen nebenan aber schon?

Was hilft es Ihnen, wenn die Auswerter Äpfel und Birnen zusammen mischen, wo es Ihnen doch eher um die Erdbeeren geht? Also: Vermeiden Sie selbst Gestricktes, lassen Sie die Profis 'ran. Deren Anschrift erhalten Sie entweder beim Bundesverband deutscher Marktforscher oder durch Referenzen aus Kollegenkreisen. Es bietet sich an, mit Profis zusammen zu arbeiten. Sie verfügen meistens über eine Menge Erfahrung und über eine „Trickkiste". Diese kleinen Berufsgeheimnisse können sehr viel Geld sparen.

Ein zentrales Problem bei jeder Marktuntersuchung ist die Antwortquote. Das ist der Wert, der sich aus dem Verhältnis von kontaktierten Personen zu tatsächlich erfolgten Befragungen ergibt. Je kleiner die Quote, desto teurer die Aktion. Wenn Sie 500 Befragungen brauchen, um relevante Erkenntnisse erhalten zu können, das beauftragte Marktforschungsinstitut aber nur eine Erfolgsquote von 25 Prozent erreicht, dann kostet die Befragung eben doppelt so viel Geld wie bei einer 50 Prozent-Quote.

Es gibt unter den Anbietern also erhebliche Unterschiede. Zur Auswahl Ihres Partners sollten Sie Arbeitsbeispiele anschauen und die Nennung von Referenz-Unternehmen verlangen, mit denen Sie auch sprechen können. Lassen Sie sich einen Ansprechpartner dort und dessen Telefonnummer geben und bereiten Sie eine Telefoncheckliste mit diesen Fragen vor:

Welche Zielgruppe wurde angegangen?

Welche Zielpersonen wurden kontaktiert?

Wie wurde die Befragung durchgeführt (Brief, E-Mail, Telefon, Internet usw.)?

Wie hoch war die Antwortquote?

Hat der Marktforscher das Untersuchungsdesign selbst erarbeitet?

Waren Sie mit der Auswertung in jeder Hinsicht zufrieden (Termintreue, Eingehen auf die Aufgabenstellung, Berücksichtigung des Branchenumfelds, Ausführlichkeit der Darstellung)?

Welche Kosten entstanden insgesamt pro Kontakt?

Was hat Ihnen besonders gut gefallen?

Wo sehen Sie Verbesserungsmöglichkeiten oder Probleme?

Würden Sie den Marktforscher heute noch einmal beauftragen?

Was muss der Marktforscher über den Auftraggeber wissen?

Wenn Sie zum Arzt gehen, werden Sie ihm Diagnose und Therapie anvertrauen. Selbstverständlich berichten Sie über Ihr Zipperlein. Aber auch nicht mehr. In der Marktforschung sollten Sie es genau so halten. Der Marktforscher will wissen, welche Produkte Sie an welche Zielgruppen verkaufen. Er muss Ihr Geschäft grundsätzlich verstehen. Dann wird geklärt, welche Informationen Sie gewinnen möchten.

Nehmen Sie sich Zeit für dieses Gespräch, „Briefing" genannt. Obwohl es Marktforschungsinstitute gibt, die zumindest eine Abteilung speziell für Investitionsgüterthemen eingerichtet haben, können Sie nicht verlangen, dass sich die Mitarbeiter dort in allen Subbranchen auskennen. Berichten Sie über:

- Mitbewerber und deren Bedeutung,
- Ihre Bedeutung im Markt,
- Ihre strategische Ausrichtung (als Hintergrund für den anstehenden Marktforschungsauftrag),
- Die Produkte, mit denen Ihr Produkt im Wettbewerb steht,
- Die Größe, Bedeutung und Strategie der Wettbewerber.

Während der Projektvorbereitung wird der Marktforscher mit Ihnen besprechen, welche Informationen gewonnen werden sollen. Darüber muss er Bescheid wissen, um die Antworten der Interviewten in ihrer Bedeutung richtig einordnen zu können. Dafür muss der Marktforscher auch die Fachsprache der Zielgruppe kennen. Weisen Sie ihn daher auf die wichtigsten Fachzeitschriften Ihrer Branche hin.

Für jeden Marktforscher ist es ein wahrer Horror, wenn ihn der Kunde bereits mit einem fertigen Fragebogen überrascht. Er wird diesen höchstens zur Kenntnis nehmen, um daraus Ihre Grundprobleme abzuleiten. Insofern kann eine solche Vorarbeit schon hilfreich sein. Versuchen Sie aber erst gar nicht, die Fragen zu formulieren oder gar deren Reihenfolge zu bestimmen – was wissen Sie denn von der Gefahr, die zum Beispiel von suggestiver Fragestellung ausgeht? Und Sie können sicher nicht entscheiden, ob es besser ist, ein semantisches Differenzial einzusetzen oder eine Hunderter-, Siebener- oder Sechserskalierung.

Hier Vorgaben zu setzen ist genau so schlimm, als würden Sie in der Autowerkstatt selber „schnell mal an den Schrauben" drehen. Allerdings: Wenn der Marktforscher schließlich seinen Fragebogen präsentiert, kann niemand Sie daran hindern, eine Erklärung jedes eingesetzten Messinstruments zu verlangen. So viel Zeit muss sein – und Sie lernen mit jedem neuen Auftrag.

Wenn Sie noch keine Erfahrungen mit Marktforschung haben, sollten Sie auf jeden Fall fragen, wo Ihr Dienstleister seine „Validierungsfragen" versteckt hat. Sie werden nicht nur schlagartig in seiner Achtung steigen (was für die Sorgfalt bei der

Befragung und bei der Auswertung sicher nicht nachteilig ist). Sie werden auch erkennen, ob das Angebot insgesamt etwas taugt.

Hat der Marktforscher keine Validierungsfragen eingebaut, um Antworten durch eine anders gestellte aber sinngleiche Frage zu verproben, müssen Sie mit verfälschten Antworten rechnen.

Die Stichprobengröße

In den Medien ist immer wieder von repräsentativen Meinungsforschungsergebnissen die Rede. Gemeint sind dabei meist Befragungen, die die Einstellung der Gesamtbevölkerung zum Beispiel zu politischen Themen abbilden. Derartige Befragungen umfassen mindestens 2.000 Personen, deren Zusammensetzung die gesellschaftliche Wirklichkeit widerspiegelt. Etwa die Alters-, Einkommens- und Bildungsstruktur und die Kommunikationsgewohnheiten der Deutschen. Die „Stichprobe", so heißt eine solche Befragtengruppe, wurde unter Gesichtspunkten der Statistik zusammengestellt. Meist sind die Ergebnisse wirklich repräsentativ.

Solche Befragungen sind extrem teuer. Ein Hersteller von Investitionsgütern braucht solche Ergebnisse für das unternehmerische Tagesgeschäft auch nicht, wenngleich es ihn schon interessieren muss, wie sich die Einstellung zum Beispiel zum Automobil ändert. Vor allem dann, wenn er die großen Hersteller beliefert.

Im Alltag geht es aber doch eher darum, die Einstellung der Kunden zum Unternehmen und zu einer bestimmten Dienstleistung zu erfahren. Oder darum, ob sich die Kunden vorstellen können, in Zukunft lieber via Anzeigenwerbung oder per Brief angesprochen zu werden.

Für die Beantwortung dieser Fragen hält die Marktforschung eine Vielzahl hoch wirkungsvoller Instrumente bereit. Ihr Output ist nicht immer repräsentativ, öffnet aber den Blick auf relevante Trends.

Es werden auch nicht 2.000 Gesprächspartner gebraucht, sondern vielleicht nur 12, 20, 40, 60 oder 120. Das sind in der Tat die gängigen Größen, in der diese Art von Marktforschung abläuft. Die Zahl der Befragten steigt mit der Zahl der Ausprägungen, die miteinander verglichen werden.

Wollen Sie zum Beispiel wissen, ob Ihr Image bei Controllern in Unternehmen unter 500 Mitarbeitern anders ist als bei Unternehmen über 500 Mitarbeitern; und ob Ihr Image auch noch von der Bestellhäufigkeit (einmal im Jahr ./. sechsmal im Jahr) abhängt, müssen Sie schon vier Gruppen von am besten 30 Personen befragen (wenn es überhaupt so viele Kundenunternehmen gibt), macht 120 Testpersonen.

Die Befragungstypen
Qualitative Befragungstechniken

Damit sind Marktforschungsmethoden gemeint, die eher auf qualifizierte, individuell sehr ausführliche Meinungsäußerungen aus sind.

– *Gruppendiskussion.* Die Stichprobe mit der niedrigsten Befragtenzahl, maximal 12 pro Sitzung, ist die Gruppendiskussion. Bei ihr treffen sich die zu befragenden

Personen und diskutieren über ein Thema, das ein Moderator vorgibt. Der muss ein geübter Diskussionsleiter sein, der das Befragungsziel nicht aus den Augen verliert und mit Streit umgehen kann. Schließlich gehen die Diskussionen selten ohne Auseinandersetzungen ab, was auch gut ist.

Denn die Teilnehmer einer Schnarchrunde lassen sich nur selten zu den Aussagen verlocken, die eigentlich gewünscht sind – man sucht mit Gruppendiskussionen ja meist die unterschwelligen Motive der Käufer zu eruieren. Die emotionalen Beweggründe also. Die Moderatoren, die im Konsumgüterbereich tätig sind, freuen sich immer auf Runden, die über Waschmittel diskutieren. Da treffen häufig echte Glaubensrichtungen aufeinander: Persil gegen Weißer Riese – da ist was los! Microsoft ./. Linux – da auch!

Meist finden Gruppendiskussionen in speziellen Studios statt, die Einrichtungen zur Aufzeichnung der Ereignisse vorhalten. Meist sitzen auch Beobachter hinter Einwegspiegeln, die das Geschehen in Echtzeit bewerten – der erste Eindruck ist immer der Authentischste.

– *Tiefenbefragung.* Zwischen 30 und 60 Einzelinterviews. Die Befragten werden in zwei Zielgruppen unterteilt, die jeweils durch ein bestimmtes gemeinsames Merkmal definiert sind. Zum Beispiel Raucher gegen Nichtraucher. Personen, die bei Ihrem Unternehmen häufig und solche, die nur sporadisch dort kaufen.

Tiefenbefragungen eruieren Motivationen und Grundeinstellungen und dauern bis zu einer Stunde. Geführt werden Sie von speziell ausgebildetem Personal („Frag' nie: ‚Warum?' sondern nur ‚Woran liegt das?'), meist Psychologen. Sie finden in eigens angemieteten Räumen oder im Büro des zu Befragenden statt.

Die Mehrzahl der Fragen ist „offen", nur wenige sind strukturiert. „Offen" heißt: Der Interviewte antwortet in offener Rede, es werden keine Statements vorgegeben.

Bei strukturierten Fragen werden Statements vorgegeben, die die Befragten mit Hilfe

– einer Skala (1 bis 6 oder 1 bis 7 oder von 0 bis 100) bewertet. Oder es wird ein
– „semantisches Differenzial" vorgegeben, in dem der Befragte eine Position zwischen gegensätzlichen Positionen bestimmt. Beispiel: „Eine Banane stinkt/duftet. Bitte vermerken Sie Ihre Meinung auf einer Skala zwischen 0 und 6").

Strukturierte Fragen untermauern die Sicherheit bei der Auswertung der offenen Fragen, nicht selten werden beide Frageformen daher kombiniert eingesetzt. Wollen Sie Ihren Bekanntheitsgrad genau erfassen, bittet der Marktforscher den Befragten, alle Firmen, die Maschinen Ihres Sortiments anbieten, aufzulisten. Aus dem Stand und ohne Hilfe. Wenn Sie genannt werden – schön für Sie. Das nennt man den „ungestützten" Bekanntheitsgrad".

In der darauf folgenden Frage legt der Interviewer eine Liste von Herstellern vor (manchmal sind auch Phantasienamen dabei), zu denen der Befragte mitteilen soll, ob er sie kennt oder nicht. Das ist der „gestützte" Bekanntheitsgrad.

Wenn Sie auch hier nicht genannt sind, kennen Sie eine weitere Baustelle im Unternehmen.

Tiefeninterviews werden nie!!! per Telefon oder online geführt.

Quantitative Befragungstechniken

Bei diesen Techniken besteht der Fragebogen ausschließlich aus strukturierten Fragen. Das erlaubt, auch hohe Mengen von Befragungen in relativ kurzer Zeit durchzuführen. Sie erlauben auch, eine Vielzahl von Ausprägungen bei den Befragten festzustellen (zum Beispiel: weiblich, Akademikerin, kaufmännische Ausbildung, Mitglied des Entscheidergremiums, besucht häufig Tagungen und Seminare, liest die Fachzeitschrift XY) und nach Beziehungen zwischen den Ausprägungen zu forschen (Fachbegriff: „korrelieren").

Je nach Fallzahl lassen sich dabei Trend-Signale mit hoher statistischer Signifikanz erfragen. Quantitative Befragungen lassen sich auch per Telefon oder online durchführen.

Lässt sich Geld sparen, indem sich Unternehmen für eine Marktbefragung zusammentun?

Im Prinzip ja; es macht allerdings wenig Sinn, wenn dabei direkte Wettbewerber kooperieren. Denn aus Ihrem Fragebedarf lässt sich relativ leicht erschließen, worauf Sie für die Zukunft hinaus wollen.

Sinn macht es eher, mit Vorlieferanten und/oder Weiterverarbeitern zusammenzuarbeiten; speziell, wenn es um die Einführung einer Maschine, einer Software, einer Komponente oder einer Dienstleistung geht, an deren Erfolg die Befragungspartner gleichermaßen interessiert sind.

Hin und wieder kommen auch Angebote ins Haus, sich an einem „*Omnibus*" zu beteiligen. Ein solches Gefährt fasst Befragungspartner aus den unterschiedlichsten Branchen zusammen. Meist wissen die Insassen nicht voneinander. Dabei hat jeder Teilnehmer Raum für vier, fünf Fragen, die sich untereinander und mit den persönlichen Merkmalen der befragten Personen korrelieren lassen (jede Auszählung kostet meist extra).

Ein Omnibus ist häufig gut geeignet, auf die Schnelle und bei moderatem finanziellem Einsatz Imagefaktoren überprüfen zu lassen – wenn die Struktur der Grundgesamtheit der Befragten stimmt.

Eher anonym, also nicht direkt auf den individuellen Klärungsbedarf der Einzelunternehmen zugeschnitten, sind *Generaluntersuchungen*, wie sie von den großen Marktforschungsunternehmen angeboten werden. Da hat sich das Institut auf eigene Rechnung und auf eigenes Risiko mit den Gegebenheiten in einer Branche auseinandergesetzt und versucht nun, die Kosten dafür durch den Verkauf von Berichtsbänden hereinzuholen, meist zu vier- bis fünfstelligen Summen. Derartige Studien geben oft einen guten Überblick über Trends in einem Wirtschaftsbereich.

Panel versus Einmalbefragung

Das Panel stellt eine „Mehrfachbefragung" dar und hat in der Konsummarktforschung ganz erhebliche Bedeutung. Im Panel wird das Kaufverhalten einzelner Konsumenten über Jahre untersucht. Er wird gebeten, ein Haushaltsbuch zu führen und seine Konsum- wie Kommunikationsgewohnheiten zu dokumentieren. Es wird auch festgestellt, in welchen Geschäften er wann was einkauft.

NetWorks hat im Laufe der Jahre festgestellt, dass entsprechend aufgestellte Panels der Investitionsgüterindustrie wichtige und signifikante Aussagen über Beschaffungstrends geben können.

Sie sind wichtig, weil sich damit das Entstehen und die Entwicklung von Segmenten und Teilmärkten beobachten lassen. Daraus leiten sich wichtige Impulse für die eigene Strategie ab. Wer zum Beispiel frühzeitig erkannt hatte, dass die Komponentenfertigung mehr und mehr an Bedeutung gewinnt, konnte sich entsprechend darauf einstellen und Kooperationspartner vorselektieren.

Auch zur Vorbereitung auf mögliche Angriffe großer Marktteilnehmer lassen sich Paneldaten benutzen. Wer im Computer- und Softwaremarkt die Entwicklung von IBM sorgfältig verfolgt, der weiß, dass der Gigant mit Vorliebe in bestehende Märkte eindringt. Er lässt den Pionieren ihre Anfangsverluste und -erfolge, um ab einem bestimmten Moment das Terrain zu betreten und alle anderen wegzudrücken. Das passiert dann, wenn bestimmte Ertragsschwellen überschritten werden. Diese lassen sich aus den Panels schließen, so dass sie ein deutliches Handlungssignal geben.

Vor- und Nachteile selbst organisierter Marktforschung

Jedes größere Unternehmen beschäftigt einen Marktforschungsspezialisten. Dieser wird sich allerdings hüten, selbst Befragungen durchzuführen. Ebenso wird er sich hüten, Mitarbeiter des Unternehmens ausschwärmen zu lassen, um Meinungen zum Unternehmen einzuholen.

Ganz abgesehen davon, dass die Mitarbeiter, wo auch immer sie eingesetzt sind, Produktiveres zu tun haben – die Ergebnisse, die bei solchen selbst gestrickten Aktionen herauskommen, sind den Aufwand selten wert. Denn die Antworten sind ohne jede Bedeutung, weil sie stets verfälscht sind. Allein die Fragestellung durch ungeschulte Interviewer, die sich zudem wünschen, ihr Unternehmen käme gut heraus, lässt nichts Gutes erwarten.

Die eigenen Kräfte sollen sich daher lieber auf die enorm wichtigen Vorbereitungen konzentrieren: den Bedarf an Informationen durch Gespräche mit den Verantwortlichen im Haus ermitteln und die Auswertung externer, überall zugänglicher Quellen sicherstellen.

Überhaupt bringt die Recherche im Unternehmen, der so genannte Desk Research, oft wichtige Hinweise auf den Strategiebedarf des Unternehmens. Etwa die Auswertung der Medien, der Beobachtungen und der Ereignisse und Gespräche auf den Messen.

Setzen Sie sich das zur eisernen Regel: Marktforschung „im Feld", so der Fachbegriff, darf nur von neutralen Externen durchgeführt werden. Es ist häufig sogar besser, auch das Desk Research einem Außenstehenden zu übertragen. Der darf auch unangenehme Informationen präsentieren, ohne dass ihm gleich der Kopf abgerissen wird (zumindest meist).

Soll die Untersuchung auch Bedarfsdaten liefern?

Grundsätzlich bietet sich dieses Vorgehen an. Wenn Sie schon feststellen, dass ein Zielunternehmen Bedarf an einer Maschine oder Dienstleistung hat, die Sie anbieten, dann ist die Nachfrage erlaubt, wann denn mit einer solchen Investition zu rechnen ist.

Auf diesem Weg ermittelt man sehr konkret neue Projekte, bei denen der Vertrieb tätig werden kann. In Deutschland ist diese Art, Daten zu verwenden, rechtlich möglich.

Allerdings verlangen Sie vom eingesetzten Marktforschungsinstitut nie, auch gleich als Außendienstmitarbeiter aufzutreten. Da gibt es einen Kodex, der ihm einen werblichen Auftritt verbietet. Im Übrigen reagieren die Gesprächspartner meist allergisch auf eine solche Entwicklung im Interview. Sie fühlen sich hintergangen: Zutritt durch die Vorspiegelung eines neutralen Informationsbedarfs erschlichen. Ein schlechteres Image ist gar nicht denkbar.

Gehen Sie also diskret vor und nutzen Sie diese Art von Bedarfsermittlung allenfalls als Instrument der Adressenermittlung. Und kommen Sie später, wenn Akquisitionsgespräche geführt werden nie, wirklich nie (!) auf die Befragungsaktion zu sprechen. Wenn man solche Projektdaten ermittelt, dann sollten Sie erfahren:

- Wann soll die Beschaffung erfolgen?
- Welche Vorteile erhofft sich das Unternehmen davon?
- Hat das Unternehmen dafür schon ein Budget festgelegt? (Nicht nach der Höhe des Budgets fragen! Damit wäre der Kontakt vermutlich beendet. Als Marktforscher wollen wir nur wissen, ob die Pläne des Betriebes schon so konkret sind, dass das Unternehmen bereits ein Budget definiert hat. Nicht mehr als das!)

Erfolgserwartungen bei verschiedenen Befragungsformen

Ihre Befragung kann über verschiedene Kommunikationskanäle erfolgen. Dies können sein:

- Direkte Befragung durch Interviewer,
- Fragebogenversand per Post oder E-Mail,
- Internetbefragung,
- Telefonische Markterkundung,
- Fragebogen wird durch den Außendienst übergeben.
- Jede Arbeitsweise hat Möglichkeiten und Grenzen.

Tabelle 6 gibt zunächst eine kurze Übersicht:

Tabelle 6: Vor- und Nachteile unterschiedlicher Befragungsformen

Befragungsform	Vorteile	Nachteile
Persönliche Befragung durch Interviewer	Hochwertige Befragungsergebnisse Hohe Teilnehmerquote	Hohe Kosten Langwierig
Fragebogenversand per Post	Einfaches Handling	Hoher Streuverlust, niedrige Teilnehmerquote Zufallsergebnisse Nur wenige Fragen möglich
Fragebogenversand per E-Mail	Einfaches Handling	Rechtlich problematisch Zufallsergebnisse Niedrige Teilnehmerzahl
Internet-Befragung – offene Variante	Keine	Hoher Anteil Nonsens-Ergebnisse Keine Zielgruppenselektion Niedrige Teilnehmerzahl
Internet-Befragung – geschlossene Version	Einfache Teilnehmerselektion Identifizierbarkeit der Teilnehmer Einfache methodische Nachbesserung Einfache Auswertung	Niedrige Teilnehmerzahl Nur wenige Fragen möglich Aufwendiger Vorlauf
Befragung über das Telefon	Hohe Teilnehmerzahl Schnelle und einfache Auswertung Einfache methodische Nachbesserung Qualitativ hochwertige Antworten	Hohe Kosten Aufwendiger Vorlauf

Persönliche Befragung durch Interviewer

Die klassische Methode. Saubere Vorauswahl der Ansprechpartner und professionell arbeitende Teams vorausgesetzt, liegt die Erfolgsquote bei mindestens 90 Prozent der Angesprochenen. Die Befragung erfolgt

- in speziell eingerichteten Studios,
- in der Wohnung oder im Büro des Gesprächspartners (das wird im Fall der Investitionsgüter die Regel sein),
- manchmal auch auf der Straße.

Die Kosten sind hoch, weil die Interviewer zumindest bei Tiefeninterviews qualifizierte Spezialisten sind.

Fragenbogenversand per Post

Die typische Antwortquote liegt unter 3 Prozent. Selbst spezielle Anreize, zum Beispiel eine Verlosung unter den Einsendern, erhöht die Quote nicht erheblich. Wer auf eine gleichmäßige Verteilung bestimmter Merkmale Wert legt, sollte diese Kontaktart nicht wählen, weil die Rückläufe dem Zufall überlassen bleiben.

Wenn Sie sich für den Versand per Post entscheiden, achten sie darauf, dass der Fragebogen nicht mehr als zehn Fragen enthält – alles andere landet im Papierkorb. Wer einen zehn Seiten dicken Fragebogen ausgefüllt zurückschickt, dokumentiert damit meist nur, dass er sonst nichts zu tun hat – also eher nicht unter den Entscheidern zu finden ist. Die Fragen müssen einfach und die Antwortsysteme dürfen nicht zu kompliziert sein.

Fragebogenversand per E-Mail

Aufgrund aktueller Gerichtsurteile ist es inzwischen problematisch, Fragebögen per E-Mail zu versenden. Im Zweifel müssen Sie den Nachweis führen, dass die Zielpersonen ein Interesse an Ihren Fragebögen gehabt haben – das wird in der Regel schwer fallen. Da Rechthaberei inzwischen eine Volkskrankheit ist, sollten Sie sich das Risiko einer Einstweiligen Verfügung ersparen. Die Antwortquote bei dieser Befragungsart liegt ohnehin nur bei rund drei Prozent.

Internetbefragung – die „offene" Variante

Internetbefragungen sind rechtlich zulässig, aber problematisch. Die Idee ist, dass die Zielperson auf einer Internetseite mit Fragen konfrontiert wird, deren Antworten sofort ausgewertet werden. Die Idee scheint gut. Die Praxis ist schwierig.

Zunächst müssen Sie die Zielpersonen auf die Befragung aufmerksam machen. Markenartikler tun das, indem sie sich bei einem gängigen Portalbetreiber, zum Beispiel t-online oder AOL, einen entsprechenden Werbeplatz kaufen. Wer das Banner anklickt, wird zu der Befragung geführt.

Das macht für einen Anbieter von Investitionsgütern wenig Sinn. Internetbefragungen animieren zudem in hohem Maße die Spaßvögel des Landes. Diese verfälschen die Ergebnisse mit Jux-Einträgen. Indem sie sich zum Beispiel als „Dagobert Duck aus Entenhausen" identifizieren und eine Menge unsinniger Angaben machen. Manchmal besteht die Hälfte aller Antworten aus schierem Nonsens. Auch wer dieses Problem in den Griff bekommt, hat damit immer noch keinen Einfluss darauf, wer an der Befragung teilnimmt. Es gibt keine Möglichkeit, gezielt vorzugehen, also bestimmte Zielgruppen zu selektieren. Es können auch keine Zielpersonen ausgewählt werden. Dieser Befragungstyp ist für den professionellen Einsatz kaum geeignet.

Internetbefragung – die „geschlossene" Variante

Teilnehmerselektionen sind erst möglich, wenn die Befragung in einem geschlossenen Raum auf einer Homepage stattfinden, zu der nur bestimmte, vorher ausgesuchte Personen Zugang haben. Diese erhalten, zum Beispiel durch den Außendienstmitarbeiter oder per E-Mail, ein Benutzerkennzeichen und ein Codewort, und können sich nun jederzeit an die Beantwortung der Fragen machen. Das hat auch den Vorteil, dass die befragte Person jederzeit identifizierbar ist. Wichtig dabei: Der oder die Befragte müssen erkennen, dass sie nicht anonym bleiben. Zum

Beispiel durch eine entsprechende Anrede: „Guten Morgen, Frau Helga Müller, XYZ AG, Wiesbaden".

Nicht immer akzeptieren Teilnehmer an Marktforschungsbefragungen diese Identifikationsmöglichkeit. Sie fürchten eine spätere Belästigung durch „Vertreterbesuch". Daher ist es in dieser Phase sinnvoll, die Anonymität durch den Hinweis zuzusichern, das beauftragte Marktforschungsinstitut fasse alle Ergebnisse zu einer Gesamtsicht der Meinungslage zusammen und Einzelauswertungen seien nicht vorgesehen.

Eine Internetbefragung muss, soll sie erfolgreich ablaufen, bestimmten Regeln folgen:

1. Eine geeignete Animation, an der Befragung auch teilzunehmen. Manchmal hilft das Versprechen, den Teilnehmern die Auswertungsergebnisse bestimmter Fragekomplexe zugänglich zu machen. Zum Beispiel die zur Stimmungslage innerhalb der Branche, in der Sie und die befragte Person tätig sind. Manchmal reicht der Hinweis auf eine Spende an eine anerkannte soziale Institution.
2. Missverständnisse vermeiden. Denn Rückfragen sind, anders als beim direkten Interview, nicht möglich. Es empfiehlt sich, bei „Kniffelfragen" eine Erklärungsmöglichkeit anzubieten, etwa in Form einer „Info"-Schaltfläche, nach deren Aktivierung Erläuterungen auf dem Bildschirm erscheinen.
3. Methodische Nachbesserung. Während das Projekt läuft, sollte der Projektleiter regelmäßig die Datenbank auf Antworten überprüfen, die auf Verständnisproblemen bei den Befragten hinweisen. Entsprechend muss dann die Fragestellung überarbeitet werden.

Fehleingaben lassen sich meist vermeiden, wenn man Pull-down-Listen mit möglichen Antworten hinterlegt oder Multiple-Choice-Auswahlfelder anbietet. Naturgemäß ist das nur bei einem Teil der Fragefelder möglich.

Diese Form der Befragung ist dann sinnvoll, wenn kein ausreichender Etat für eine aufwendigere Methode zur Verfügung steht, dafür aber ausreichend Zeit.

Die Telefonbefragung

Mit dem Aufkommen der Callcenter ist die Telefonbefragung in Mode gekommen. Viele Marktforschungsinstitute beschäftigen heute entweder ein Callcenter-Team im eigenen Haus oder sie stehen in Kooperation mit einem auf Befragungen spezialisierten Dienstleister.

Es wird heute jedoch zunehmend schwerer, bei Unternehmen Telefoninterviews durchzuführen. Viele Chefs haben ihren Mitarbeitern die Weitergabe interner Daten verboten – speziell am Telefon. Da braucht es dann eine Genehmigung „von ganz oben" – und die ist schwer zu erhalten.

Auswahl des Callcenters

Vermeiden Sie es, selbst ein Callcenter auszusuchen – die Qualität der Dienstleistung ist inzwischen derart unterschiedlich, dass wirklich nur renommierte Spezialisten zum Zuge kommen sollten. Und die kennen Sie im Zweifel nicht. Oder können Sie beurteilen, ob das Center über „Agents" verfügt, die mit ausreichend Charme ausgestattet sind, einen griesgrämigen Leiter des Rechnungswesens auch noch abends um halb sechs von der Notwendigkeit zu überzeugen, einem Interview zuzustimmen? Überlassen Sie die Auswahl dem Marktforscher.

Probleme bei der Gesprächsführung

Es gibt auch beim Telefoninterview selbst einige Hürden zu meistern. Diese Hürden sollten Sie kennen, wenn Sie aus welchen Gründen auch immer sich zu einer hauseigenen Aktion entschließen. Es ist auch gut, wenn Sie den Dienstleister noch in der Angebotsphase über seine Methoden, auftretende Probleme zu überwinden, befragen.

Noch besser: Vereinbaren Sie mit dem Marktforscher, sich unangemeldet als Zuhörer in die Befragungen einschalten zu dürfen. Die wichtigsten Hürden:

- Die Überwindung des Sicherheitsbedürfnisses. Jeder Interviewer muss damit rechnen, dass der Ansprechpartner zunächst einmal wissen will, was das Ganze eigentlich soll. Das ist verständlich, kann aber höchst lästig werden und viel Zeit in Anspruch nehmen.
- Die Tendenz zum Abbruch. Spätestens nach der fünften Frage (wenn das Thema ihn langweilt, spätestens nach der ersten) möchte der Befragte am liebsten aufhören. Gute Interviewer überwinden diese Hürde allein aufgrund ihrer Persönlichkeit. Wenn Sie bei der Überprüfung aber bemerken, dass der Interviewer dem Befragten zustimmt, nur um ihn bei der Stange zu halten, dann sollten Sie mit dem Chef des Marktforschungsunternehmens ein ernstes Gespräch über die Verfälschung von Forschungsergebnissen führen.

Wenig bewährt hat es sich, bei deutlich zu langen Fragebögen ab der zehnten Frage jede weitere mit den Worten zu beginnen: „Und nun, Herr Müller, zu unserer letzten Frage". Auch kleine Ermunterungen wie „Gleich haben wir's geschafft", wirken nur noch bei Greenhorns.

Der Tendenz zum Abbruch wird hingegen wirkungsvoll vorgebeugt, wenn der Interviewer vor dem Gespräch dessen voraussichtliche Dauer nennt. Für die Bereitschaft, an weiteren Interviews teilzunehmen ist wichtig, dass die Zeitangabe auch stimmt.

Welcher Aufwand ist zu erwarten?

Für die telefonische Befragung sind folgende Kennzahlen typisch:

- Antwortquote: 30 – 50 Prozent
- Höchst mögliche Anzahl an Fragen: 8
- Typische Kontaktdauer: 7 Minuten
- Kontakte pro Stunde: 3
- vollständig beantworteten Fragebögen: 2.

Es wird Sie vielleicht überraschen, dass nicht mehr als 3 Kontakte pro Stunde bereits einen ordentlichen Durchschnittswert darstellen. Das liegt daran, dass die restliche Zeit für Adresspflege, Suche nach dem Ansprechpartner, Wahlversuchen und Warten vergeht. Um zum Beispiel einen bestimmten Funktionsträger zu erreichen, muss der Interviewer im Durchschnitt viermal anläuten.

Außerdem sind bei dieser anstrengenden Arbeit 15 Minuten Pause pro 90 Minuten Arbeitszeit unbedingt notwendig. Zudem ist kein Callcenter-Agent in der Lage, acht Stunden am Tag zu telefonieren. Es ist üblich, die reine Telefonzeit auf sechs Stunden zu begrenzen.

Die hohe Abbrecherquote von 33 Prozent ist normal und offenbar gottgegeben, wenngleich es Techniken gibt, diese ein wenig einzuschränken. Zum Beispiel das vorne schon erwähnte Angebot, dem Interviewten Teile der Ergebnisse zur Verfügung zu stellen. Übertreiben Sie es aber nicht mit Anreizen!

Das Untersuchungsdesign beim Telefoninterview

Der Begriff „Untersuchungsdesign" umfasst den Aufbau des Interviews. Dazu gehören der dramaturgische Aufbau und die Mischung der Fragetypen.

Sich einem Interview, zumal einem langen, zu unterziehen ist nicht immer ein Vergnügen. Häufig wiederholen sich Fragen, weil bestimmte Sachverhalte aus unterschiedlichem Blickwinkel betrachtet werden sollen. Da braucht es einiges Einfühlungsvermögen, um die Gesprächspartner vom Abbruch abzuhalten. Ein gut aufgebautes Gespräch durchläuft drei Phasen:

1. *Das „Window of Opportunity", die ersten 20 Sekunden.* Hier entscheidet sich, ob der Angesprochene mitmacht. Also gilt es, Vertrauen aufzubauen, den Grund, das Ziel und die Dauer der Befragung deutlich zu machen (nie den Auftraggeber, höchstens die Branche, in der er tätig ist), die Belohnung zu nennen, falls sie nicht materiell ist (eine materielle Belohnung erst am Schluss anbieten). In dieser Phase darf nicht zu schnell gesprochen werden.
2. *Die Blockadeschwelle nach den ersten 5 Minuten.* So viel Geduld hat die normale Zielperson. Das Sprechtempo des Interviewers ist etwas erhöht, aber dem Tempo der Zielperson angepasst. Diese denkt in etwa so schnell mit, wie sie spricht. Nach fünf Minuten treten die ersten Ermüdungserscheinungen auf. Jetzt hilft es, auf die Restdauer des Interviews hinzuweisen: „Herr XY, jetzt habe ich noch eine letzte Frage", oder, wenn es denn wirklich so ist, „noch zwei weitere, kurze Fragen".
3. *Das Finale.* Die letzten beiden Minuten sind angebrochen. Sie bedanken sich, lieber einmal zuviel, für das nette Gespräch und die wertvollen Hinweise.

Das Gespräch sollte typischerweise nicht mehr als 7 Minuten gedauert haben; außer, wenn der Ansprechpartner sich zu einzelnen Fragen sehr ausführlich geäußert hat.

Der optimale Gesprächsverlauf

Ein professionell arbeitender Interviewer unterbricht seinen Ansprechpartner nie, selbst wenn dieser sehr ausführlich wird. Auch dann nicht, wenn er auf eine Frage eigentlich nur ein „ja" oder „nein" erwartet und der Fragebogen ihm auch nur die Möglichkeit gibt, diese Antworten anzukreuzen. Handelt es sich um eine offene Frage, wird der Interviewer alle Bemerkungen lückenlos notieren.

Der Interviewte muss stets das Gefühl haben, als Experte geachtet zu werden. Ungeduld, Widerspruch oder Zustimmung sind verboten. Diskussionen auch. Allenfalls ein vorsichtig lenkender Einwand ist erlaubt, vielleicht eine rücksichtsvoll gestellte Frage, die ein Missverständnis aufklärt.

Es gibt eine Reihe „verbotener Wörter", die ein gutes Gesprächsklima stören und daher vom Interviewer zu vermeiden sind. Dazu gehören „NEIN" und die ganze Gruppe der „wollte, würde, könnte"-Begriffsbildungen, die weich und unklar sind. Ein „warum" ist viel zu direkt, zur Nachfrage geeigneter ist das elegante „woran liegt das?". Puristen gehen mit ihren Verboten noch viel weiter. Uns soll diese Auswahl reichen.

Anzahl, Art und Reihenfolge der Fragen

Zwei Grundregeln:

- Vom Allgemeinen ins Detail gehen und
- Mit unproblematischen Fragen beginnen.

Die Behandlung von Themen, die eine gewisse Vertraulichkeit voraussetzen, darf erst dann geschehen, wenn der Befragte sich auf den Interviewer eingestellt hat.

Um Vertrauen und damit Auskunftsbereitschaft aufzubauen, sollte man dem Befragten die Chance geben, sich zu orientieren. Dazu hilft, ihm zu erläutern, warum er in den Genuss des Interview-Begehrens gekommen ist. Beispielsweise, weil man sich aufgrund dessen Bedeutung und Marktstellung (wenn es denn wirklich so ist – Schmeicheleien haben hier keinen Platz), wichtige Auskünfte erhofft. Es ist auch nicht falsch, auf die Expertenrolle des Gesprächspartners zu sprechen zu kommen.

Im Laufe der Befragung kann man solche impliziten Anerkennungen – behutsam dosiert – noch ein- bis zweimal anbringen: „Frau Meier, Sie arbeiten nun schon .... Jahre mit dem XYZ Gerät. Da sind sie ja schon zu einer echten Expertin geworden. Deswegen nun meine Nachfrage, wie sich das Gerät im praktischen Betrieb bei ihnen bewährt hat .....".

Wenn die ersten Fragen unverfänglich waren, wird der Gesprächspartner sich nach und nach öffnen. Seine Auskünfte werden umfassender. Sie erfahren nun auch Sachverhalte, nach denen Sie gar nicht gefragt haben. Sobald dies geschieht, dürfen Sie es als Indikator dafür werten, dass ein wenig Vertrauen gewachsen ist.

Wie viele Fragen sind möglich?

Bei Telefoninterviews sind acht bis zehn Fragen üblich. Einzelne Fragen dürfen zwei bis drei Unterpunkte haben. Dies aber nur, wenn es in der Untersuchung auch kurze Fragen gibt, auf die eine Auskunft „trifft für uns nicht zu!" oder „trifft für uns zu!" heißt.

Wie lange darf das Interview dauern?
Der typische Ansprechpartner geht für etwa fünf Minuten mit, bis er anfängt, sich gegen die Befragung zu wehren. Wenn das Thema für ihn besonders interessant ist und er sich als Experte profilieren kann, kann es auch deutlich länger gut gehen. Inklusive der Einleitung sind 5 – 7 Minuten eine gute Wahl. Ein Probelauf hilft, den exakten Zeitbedarf fest- und einzustellen.

Umgang mit Rückfragen
Gelegentlich werden einzelne Fragen nicht oder nicht richtig verstanden. Der Interviewer wird dann gebeten, diese Frage doch etwas genauer zu erläutern. Dafür bedarf es einer klaren Sprachregelung, damit keine falschen Gewichtungen entstehen. Der Umgang damit muss trainiert werden.

Anordnung der Fragen
Da Befragungen immer wieder vorzeitig abgebrochen werden, sollten Sie die wichtigsten Fragen an den Anfang setzen.

Fragen, die zusammenhängen, werden zweckmäßig so positioniert, dass sie im mittleren kritischen Drittel liegen, meist als vierte oder fünfte Frage. Der Interviewer sollte zusammenhängende Fragen zum besseren Verständnis ankündigen.

Kritisch wird es immer dann, wenn ein neuer Fragenbereich angeschnitten wird. An einem solchen Übergang ist die Wahrscheinlichkeit am höchsten, dass der Gesprächspartner aussteigt.

Art der Fragen
Die Fragen selbst sollen knapp, klar und kurz formuliert sein. Keine Fremdwörter! Die Verwendung von Fachsprache setzt eine intensive Schulung der Mitarbeiter im Callcenter voraus. Denn: Fachleute neigen dazu, gefährliche Rückfragen zu stellen, die ebenfalls mit Fachbegriffen garniert sind und daher von den Befragten nicht mehr verstanden werden. Dann wird das Interview wertlos.

Keine verschachtelten Sätze. Die kommen im Interview meist so hölzern herüber, dass der Befragte von vornherein annimmt, der Interviewer habe sowieso keine Ahnung. Manchmal neigt er dann zu Blödeleien, häufiger zum Abbruch, noch häufiger zu inhaltsleeren, wortkargen Antworten.

Eine gute Frage umfasst stets weniger als 15 Wörter. Wenn der Befragte um Wiederholung bittet, ist die Frage mit Sicherheit zu lang oder unklar formuliert.

Die „Güte" einer Frage lässt sich mit diesen vier Checkpunkten zusätzlich abklären:

- Kann diese Frage missverstanden werden? Wenn ja: Wie?
- Kann sie als suggestiv oder indiskret verstanden werden?
- Lässt sie unsinnige Antworten zu? Wie erkenne ich diese?
- Ist erkennbar, ob eine Meinung oder ob eine Tatsache abgefragt wird?

Die Fragen sollten mehrfach bei verschiedenen Ansprechpartnern ausprobiert werden, um Fehlermöglichkeiten im Voraus zu erkennen.

Das macht die Telefonbefragung unter anderem so attraktiv: Fehler sind schnell erkannt und schnell ausgemerzt. Versendet man hingegen 5.000 gedruckte Fragebögen, die einen Fehler enthalten, dann ist möglicherweise die gesamte Untersuchung sinnlos geworden.

Offene und geschlossene Fragen

Offene Fragen liefern Informationen. Auf die offene Frage: „Wie spät ist es bitte?", antwortet man nicht mit „ja" oder „nein", sondern mit der Uhrzeit.

Geschlossene Fragen liefern Entscheidungen. Auf die geschlossene Frage: „Magst Du mit mir ins Kino gehen?", lautet die Antwort „ja" oder „nein". Ein Zauderer antwortet mit „vielleicht". Doch Zweck der geschlossenen Frage bleibt es, eine Entscheidung zu provozieren.

Aus diesem Grund bietet es sich an, zu Anfang der Befragung durchweg mit offenen Fragen zu arbeiten. Denn mehrere „NEIN" führen ganz leicht dazu, dass ihr Ansprechpartner auf einmal auch zum Interview selbst „NEIN" sagt und die weiteren Auskünfte schuldig bleibt.

Umgang mit Verzweigungen

Wir hatten oben gesehen, wie wir uns die „Dramaturgie" der Befragung vorstellen. Es gehören Fingerspitzengefühl und sehr viel Erfahrung dazu, sie bestmöglich aufzubauen.

In der Praxis zeigt sich oft, dass Verzweigungen innerhalb eines Fragebogens notwendig sind. Für die Verzweigung ist auch eine JA/NEIN-Frage erlaubt. Zum Beispiel: Sie wollen den Bedarf für verschiedene Produkte ermitteln, die zu bestimmten betrieblichen Anforderungen passen.

Es gibt zwei grundsätzliche Möglichkeiten: Entweder, der Befragte kann ein solches Gerät gut gebrauchen oder auch nicht. Kann er es gut gebrauchen, entstehen wieder zwei Möglichkeiten: Entweder der Befragte besitzt es schon oder eines vom Wettbewerber – oder nicht.

Kann er es nicht gebrauchen, wäre es von Interesse zu erfahren, warum eigentlich nicht. Dafür kann man genau so Fragen entwickeln wie für den Fall, dass ein Bedarf besteht.

Es wäre jedoch Unsinn, den Interviewten sowohl mit den Fragen für den Fall zu konfrontieren, dass er einen Bedarf hat wie für den, dass kein Bedarf besteht.

Daher bauen die Befragungsdesigner eine Verzweigung. Sie stellen eine Ausgangsfrage („Können Sie sich vorstellen, ein Gerät zu verwenden, das Rohre gleichzeitig lang zieht wie auch biegt?") und wartet die Antwort ab.

Für den Interviewer machen Sie einen Vermerk („falls ja, weiter mit Frage 3; falls nein, weiter mit Frage 5"). Damit leiten Sie den Interviewer auf die logisch anschließende Frage weiter.

Das ist eine recht elegante Methode, bestimmte Merkmale in den Interviewtengruppen zu erfassen und merkmalspezifisch zu vertiefen. Außerdem lässt sich mit der Formulierung „Frau Schmitt, ich komme noch mal auf ihre Antwort zur Frage XYZ zurück. Dort hatten Sie mich informiert, dass Sie … Deswegen nun die

Frage …", den Gesprächspartner bei der Stange halten. Frau Schmitt hat (rein psychologisch-situativ) kaum eine Möglichkeit, diese Auskunft zu verweigern. Das würde sie selbst als widersinnig empfinden, da sie weiter oben schon die verwandte Frage beantwortet hat.

Allerdings: Das geht nur begrenzt. Denn Verzweigungen verwirren nicht nur den Befragten, sondern in ganz erheblicher Weise den Interviewer. Besonders im Telefoninterview. Sie können sicher sein, dass der nach der fünften Verzweigung irgendwo sonst angekommen ist, nur nicht beim angestrebten Ziel.

Achten Sie also darauf, dass bei der Fragebogengestaltung maximal drei Verzweigungen eingebaut werden.

Bewertungsfragen mit Kennziffern

In vielen Fällen wollen Sie zu numerisch greifbaren Einschätzungen kommen. Es reicht ja nicht, wenn Ihnen ein Einkäufer sagt, Ihr Unternehmen sei „toll und immer für uns da". Das können Ihre Wettbewerber auch. Daher möchten Sie gerne wissen, ob Sie „toll" an erster Stelle, zweiter oder dritter sind.

Daher bittet der Interviewer, alle in der Befragung berücksichtigten Wettbewerber in eine Rangreihe zu bringen. Das geht mit allen Image- und Leistungsfaktoren. Beispiel:

> *„Unternehmen wetteifern heute oft mit ihrem Service. Welche von den folgenden Unternehmen steht damit Ihrer Meinung nach an erster Stelle? Firma ABC, Firma DEF, Firma XYZ?"*

Oder er nennt ein einziges Unternehmen und fordert den Befragten auf, einer bestimmten Eigenschaft zuzustimmen. Beispiel:

> *„Wie sehen Sie die Stellung von Firma ABC im XYZ-Markt? 1. Marktführer, 2. einer der Top-10 Anbieter, 3. ein Unternehmen im Mittelfeld, 4. von eher geringer Marktbedeutung, 5. ist mir nicht bekannt."*

Die aus den Gesamtnennungen gewonnenen Durchschnittswerte zeigen sehr deutlich Ihre Stellung im Markt. Wir empfehlen auch hier eine ungerade Zahl an Wahlmöglichkeiten.

Durch Antwortvorgaben Fehler vermeiden

Bei einer Reihe von Fragen sind die möglichen und sinnvollen Antworten von vorne herein bekannt. Mit Auswahllisten und Multiple-Choice-Feldern können diese Vorgaben dem Interviewten angeboten werden.

Qualitätssicherung bei der Befragung per Telefon

Ziel jedes Interviews sind qualitativ hochwertige Ergebnisse, auf die Sie sich verlassen können. Bei dieser Arbeit sind jedoch zwei bis dahin fremde Menschen im Kontakt – und das schafft stets die Gefahr von Missverständnissen und Unklarheiten. Vor allem kennen die Interviewer die Fachsprache der Branche, in der sie gerade tätig sind, nie vollständig, so dass Begriffe, speziell Abkürzungen, häufig nicht richtig verstanden und fehlerhaft notiert werden. Um derartige Schwachpunkte auszumerzen, bedarf es auch organisatorischer Vorkehrungen:

1. *Qualitätssicherung jedes Interviews durch einen Projektleiter*; er prüft jedes Gesprächsprotokoll auf Widersprüche und Unklarheiten. Im Zweifel muss noch einmal nachtelefoniert werden.
2. *Einbau von Plausibilitätskontrollen innerhalb des Fragebogens.* Sie decken Widersprüche auf. Dies kann sogar durch den Computer geschehen, wenn auch nur in Einzelfällen. Wenn wir zum Beispiel bei der Befragung einer Spedition die Auskunft erhalten, dass dort zwar Güter transportiert werden, aber keine Gabelstapler in Betrieb sind, dann widerspricht dies der Erfahrung. Mögliche einfache Erklärung: Der Gabelstapler könnte einer Lagerhallen-Betriebsgesellschaft gehören und nicht der befragten Transportgesellschaft. Dann sollte dieser vermeintliche Widerspruch im Antwortbogen aufgeklärt werden.
3. *Validierungsfragen.* Mit Validierungsfragen überprüft der Marktforscher
   – den Kenntnisstand der befragten Person (davon hängt die Einschätzung ab, ob es sich wirklich um einen relevanten Gesprächspartner handelt) sowie
   – die Glaubwürdigkeit der Antworten. Wenn zum Beispiel jemand angibt, er sei 15 Jahre in leitender Position im Ausland gewesen, befinde sich aber in der Altersgruppe zwischen 35 und 40 Jahren, dann kann eine der beiden Angaben nicht stimmen. Das nur als Beispiel; Validierungsfragen sind meist viel geschickter angelegt.
4. *Einbau von Adressen, bei denen man bestimmte Antworten bereits sehr genau kennt*, zum Beispiel den Bestand von Maschinen oder statistischen Angaben. Mischen Sie dafür vertraute Ansprechpartner aus Ihrem Kundenstamm in den Datenpool. Eine Häufung von Aussagen, die mit Ihren Erkenntnissen nicht übereinstimmen, deutet auf eine nachlässige Befragung hin.

Manche Marktforscher bieten den Einbau von Validierungsinstrumenten zur Vertrauensbildung von sich aus an.

Auswertung einer Marktstudie

Als erster Schritt, bevor Sie die Antworten auszählen beziehungsweise von ihrem Computer auswerten lassen, sind zunächst die unsinnigen Antworten zu identifizieren.

Viele Marktforscher führen im Antwortbogen zudem spezielle Codes mit, durch die der Mitarbeiter noch während des Interviews bewertet, als wie „gut" er eine Antwort einschätzt. Die Bewertung kann darauf aufgebaut sein, dass der Gesprächspartner bei seiner Antwort mehrfach geschwankt oder sich sogar widersprochen hat.

Bei besonders wichtigen Fragen versucht man, mit den erwähnten Validierungsverfahren Widersprüche zu erkennen und zu hinterfragen.

Sind die unbrauchbaren Antworten identifiziert und ausgemerzt, beginnt die eigentliche Auswertung.

Cluster bilden, um zu Aussagen zu gelangen

Ein Teil der Kunst besteht darin, aussagefähige Gruppen von Antworten mit den befragten Zielgruppen in Verbindung zu bringen. Man nennt das Cluster-Bildung („Cluster": Haufen). Je einheitlicher eine Gruppe ist, desto signifikanter sind die Ergebnisse der Cluster.

Dazu ein Beispiel. Sie befragen eine Zielgruppe nach dem Einsatz eines Produktes. Ein sinnvolles Cluster für eine einzelne Branche XY kann sein:

- Branche XY 100 – 249 Mitarbeiter Cluster I
- Branche XY 250 – 499 Mitarbeiter Cluster II
- Branche XY 500 – 999 Mitarbeiter Cluster III.

Diese Clusterung ist dann sinnvoll, wenn die Branche und die Betriebsgröße Einfluss auf den Einsatz ihres Produktes haben. Bei Bleistiften und Computermäusen ist dieser Einfluss sicher nicht gegeben. Wenn es hingegen um den Einsatz von Computersoftware für die Arbeitszeiterfassung geht, dann ist die obige Gliederung richtig und wichtig.

Bei Befragungen zeigen sich des Öfteren unvermutete Zusammenhänge – dazu wird sie ja gerade durchgeführt. Es geht nicht nur darum, „Nasen zu zählen", sondern Erkenntnisse über Zusammenhänge zu gewinnen.

Das bedeutet aber auch: Je mehr Einblick der Marktforscher in Ihre Branche hat, desto schlüssigere Befunde kann er entdecken. Briefen Sie ihn daher ordentlich. Nehmen Sie sich Zeit und seien Sie geduldig.

Ergebnisse übersichtlich darstellen

Unübersichtlich dargestellte statistische Ergebnisse sind das Geld nicht wert, das für sie ausgegeben wurde – niemand versteht sie. Daher sollten Sie auf eine Präsentation mit grafischer Umsetzung bestehen: Ein Bild sagt mehr als tausend Worte.

Die einschlägigen Statistik- und Textverarbeitungsprogramme bieten ja ausreichend Auswahlmöglichkeiten von Säulen- über Torten-, Linien- bis Flächendiagrammen, zwei- oder dreidimensional gestaltet und notfalls auch noch animiert.

Zu jedem Diagramm gehört eine erläuternde Legende. Denn die Betrachter wollen nicht falsch interpretieren, sondern richtig informiert werden. Die Legende liefert zudem eine kurze Erläuterung, wie die jeweiligen Ergebnisse zustande gekommen sind. Wer seine Arbeit statistisch sauber aufbauen möchte, bietet noch Fehlerbalken beziehungsweise eine Information über Standardabweichungen an. Die Standardabweichung definiert die Streuung um einen Mittelwert.

Statistische Signifikanz der Ergebnisse

Die Statistik sagt uns, wie signifikant unsere Ergebnisse wirklich sind. Dieses Spezialgebiet wird von Mathematikern, Soziologen und anderen Fachbereichen abgedeckt, für die Statistik eine zentrale Rolle spielt. Hier soll es nicht zum Thema gemacht werden. Verlassen Sie sich einfach auf die Kenntnisse der Marktforscher.

Technische Durchführung einer Befragung

Um eine Befragung technisch durchzuführen, gibt es heute ein bereits unübersichtliches Angebot an Computersoftware, speziell für Befragungen via Telefon. Eine Vielzahl von Anwendungen ist relativ preisgünstig verfügbar. Die Programme sind meist gut bedienbar und leistungsfähig. Wichtig sind ein paar Grundeigenschaften der Software, die man zuvor testen sollte. Dazu gehören:

- Wie kommen die Adressen einfach und sicher in das Befragungssystem?
- Wie werden die Fragebögen im System erstellt? Ist das schnell und ohne Programmierung möglich?
- Wie komfortabel ist die Benutzerführung für ein Callcenter-Team?
- Hat das System eine Verbindung zur Telefonanlage, um die Rufnummern zu wählen?
- Ist eine Auswertungssoftware mit integriert?
- Ist die Software netzwerkfähig? Gibt es Einschränkungen, durch welche diese Software möglicherweise nicht zu Ihrer EDV-Umgebung passt? Das könnte passieren, wenn die Betriebssysteme nicht kompatibel sind (Sie benutzen Windows, die Software läuft auf LINUX oder Apple Mac OS X).
- Können Sie jederzeit im laufenden Betrieb einfache, schnelle Zwischenreports bekommen, damit Sie sehen, ob die Arbeiten in die richtige Richtung laufen?
- Gibt es Auswertungen, die Ihnen zeigen, welche Leistung ein einzelner Mitarbeiter erbringt? Das ist wichtig, wenn Sie Nachschulungen ansetzen wollen. Wer sehr langsam arbeitet, hat meistens Verständnisprobleme oder ist anderweitig überfordert.

Die WIN/LOSS-Analyse

Eine spezielle Form von Marktforschung stellt die WIN/LOSS-Analyse dar. Ziel ist es, herauszufinden, warum ein Kunde Ihr Produkt gekauft hat oder warum nicht. Es gibt ja Gründe. Um diese zu erkunden, vergleichen Sie eine bestimmte Anzahl erfolgreicher Akquisitionsbemühungen.

Dafür entwickelt die Marktforschungsagentur einen Fragebogen als Leitfaden für die Gespräche mit Ihren Vertriebsleuten. Nach unserer Erfahrung bringt die Analyse jeweils 20 gewonnener und verlorener Fälle (pro Hauptprodukt) ausreichend genaue Ergebnisse und wertvolle Impulse für die Vertriebsarbeit.

Mit dem Ergebnis dieser Analyse können Sie sich daran machen, die Schwachstellen in Marketing, Vertrieb und in der Produktentwicklung auszubügeln.

2.9
Wissen über den Wettbewerb

Für den Erfolg Ihres Unternehmens ist es fundamental wichtig, möglichst viel über den Wettbewerb, seine Stärken und Schwächen, Strategien und sein taktisches Vorgehen zu wissen. Wie sehen die betriebswirtschaftlichen Zahlen der Wettbewerber aus, wie zufrieden sind deren Kunden mit Produkten, Dienstleistungen und Preisen? Wo macht der Wettbewerber gravierende Fehler, zum Beispiel weil er glaubt, sich unfreundliches Verhalten leisten zu können? Diese und viele andere Fragen sollten Sie beschäftigen, weil Sie auf den Antworten Ihre Strategie aufbauen können.

Beispiel: Sie kennen vielleicht die Firmengeschichte einer kleinen, unbedeutenden Büromaschinenunternehmung, die in den USA in den 60-er Jahren einen sehr preisgünstigen Kopierer auf den Markt brachte. Der Markt für Bürokopierer wurde damals von IBM mit Geräten beherrscht, die für kleinere Unternehmen zu teuer waren. Daher griff der Herausforderer IBM im unteren Preissegment an.

Er tat das in der beruhigenden Gewissheit, dass der Riese nicht in der Lage sein würde, für diesen günstigen Preis ein Kopiergerät überhaupt herzustellen. Und so überschwemmte der Herausforderer den Markt mit erschwinglichen Kopiergeräten, die sich nach und nach in den Marktanteil der IBM hineinfraßen.

Der Name dieses Herstellers ist heute in der ganzen Welt bekannt – die XEROX Corporation. Sie nutzte ihr Wissen über den Wettbewerber zum erfolgreichen Angriff.

Aus diesen Quellen erhalten Sie Information über den Wettbewerb

Jedes Unternehmen lebt mit dem Dilemma, dass es ausreichend über seine Produkte, das Unternehmen, seinen geschäftlichen Erfolg und vieles mehr aus seinem Innersten berichten muss, um das Vertrauen seiner Kunden und Investoren zu gewinnen und zu behalten. Auf der anderen Seite der Medaille steht die Warnung: „Verrate nicht zuviel, es könne dir schaden!". Nutzen Sie doch einfach die Offenheit des Wettbewerbs für die eigenen Interessen. Auf diese Weise:

Sie lassen sich vom Wettbewerber Unterlagen zusenden

Dieser erste Kompetenztest liefert gute Informationen über das Verhalten Ihres Konkurrenten. Ein Berater (nur der, niemals Sie oder einer Ihrer Mitarbeiter; und belegen Sie ihn mit einem Wettbewerbsverbot!) fordert für Sie Unterlagen zu einem Produkt an. Sie erfahren dabei:

- Wie lange hat es gedauert, bis der Anruf angenommen wurde?
- In welcher Stimmungslage erfolgte das Gespräch?
- Welche Fragen hat die Telefonzentrale gestellt?
- Wie schnell wurde das Infomaterial übersandt?
- Wie lassen sich Qualität und Umfang des Infomaterials bewerten?
- Hat ein Vertriebsmitarbeiter zurückgerufen? Wann geschah das?
- Wie verlief das Nachfassgespräch?

Allein der Telefonkontakt mit Ihrem Wettbewerber sagt bereits eine Menge über das Unternehmen aus: Wie kompetent, wie gut geschult ist deren Telefonzentrale? Das wiederum lässt Rückschlüsse auf die Kundenorientierung und den Ablauf interner Prozesse zu.

Kein Rückruf trotz Bitte darum – wahrscheinlich ist Ihre Rufnummer auf der Rückseite eines alten Briefumschlages ohne weitere Informationen in den Vertrieb gelangt, wo man Mühe hatte, die Zahlen zu entziffern. Da ist sie dann untergegangen. Diesen Wettbewerber überholen Sie mit einigem Geschick binnen eines Jahres.

Freundliche Bedarfserhebung noch während Ihres Anrufs, Rückruf binnen drei Tagen, korrekte Anrede und Kenntnis über das Unternehmen des Beraters – das lässt auf punktgenaues Vertriebsmanagement schließen, möglicherweise könnten Sie von denen noch etwas lernen. Vorsicht, hier arbeitet ein gut geführter, harter Konkurrent. Die Angriffsfläche liegt sicher nicht in seiner Kundenorientierung.

Messekontakt mit dem Wettbewerber

Messen bieten eine günstige Gelegenheit, das Umfeld eines Wettbewerbers, die Qualität seiner Mitarbeiter und seine Werbeaussagen aus der Nähe kennen zu lernen. Nutzen Sie diese Informationsquelle; Ihr Wettbewerber macht dasselbe ja auch mit Ihnen.

Setzen Sie wieder den verlässlichen Berater ein, der die Aufgabe hat, dem Standpersonal der Konkurrenz ein wenig auf den Zahn zu fühlen. Folgende Themen sind wichtig:

- wie dort argumentiert wird; meist lassen sich sogar Preisgespräche führen; Sie erfahren also
- wie groß die Preiselastizität ist. Wie weit lässt sich der Konkurrent herunterhandeln und deutet das vielleicht auf Notverkäufe hin? Wichtig auch:
- was denkt der Konkurrent über den Markt und die, die in ihm agieren? Sie erfahren zudem,
- welche neuen Produkte zu erwarten sind,
- welche Referenzkunden ihre Kollegen anführen und
- wie die neuen Produkte arbeiten. Denn Ihr Berater besteht natürlich auf einer Vorführung.

Nach ein wenig Herumschauen und Herumhorchen in die internen Gespräche kennt Ihr Berater schließlich auch die Stimmung auf dem Stand und in der Firma. Und Sie können sich danach überlegen, welche Schwachstelle Sie zuerst zum Angriffsziel machen.

Verkaufsgespräch mit dem Vertrieb des Wettbewerbs

Auch hier hilft wieder der bewährte Berater. Die Ziele entsprechen dem, was Sie auch auf der Messe an Information finden können.

Im Verkaufsgespräch lassen sich die Vertriebsmitarbeiter gerne ein wenig zu Aussagen über andere Produkte und Hersteller provozieren. Das kann wichtig sein, um zu erfahren, wie der Wettbewerber gegen Sie argumentiert oder auch, wie gut Sie dort bekannt sind.

Genau so wichtig ist die Information, welche Alleinstellungsmerkmale ein Konkurrent für sich in Anspruch nimmt. Dann können Sie sich überlegen, wie Sie dagegen argumentieren wollen.

Besonderheiten bei indirektem Vertrieb

Wenn ein Zielmarkt analysiert wird, bei dem Ihre Wettbewerber den Vertrieb über Handelspartner organisiert haben, dann können Sie mit ein paar einfachen Fragen herausfinden, wie wirkungsvoll diese Vertriebsorganisation ist. Sie organisieren also eine Handelsbefragung. Zunächst ermitteln Sie aus den Internetseiten der Händler, welche Konkurrenzprodukte sie führen. Dann schicken Sie die Interviewer ins Feld.

Mit der Frage „Wie viele Mitarbeiter beschäftigen sich ausschließlich mit dem Verkauf von Produkt X, Y und Z" finden Sie heraus, welche Investition der Händler in eine Zusammenarbeit mit dem Konkurrenten getätigt hat. Das lässt seine finanziellen Möglichkeiten erkennen, aber auch, wie wichtig ein Lieferant für ihn ist.

Da die Frage etwas „intim" ist, müssen Sie sie plausibel begründen. Etwa so: „Wir wollen wissen, mit wie vielen Mitarbeitern Sie das Produkt X unterstützen, damit wir als Endkunde abschätzen können, welche Bedeutung es in ihrem Angebot hat. Natürlich wollen wir uns auf kein Nebenprodukt einlassen, das Sie in einem Jahr aus dem Sortiment nehmen." Oft erfährt man dann sogar, wie viele Techniker und Vertriebsmitarbeiter für ein Sortiment des Wettbewerbs arbeiten.

Damit der Händler Ihnen nicht gleich auf die Schliche kommt, verpacken Sie diese Kernfrage in ein paar andere, in denen es zum Beispiel um Imagefragen geht.

Ergebnis dieser Befragung ist ein Überblick, wie viele Fachleute des Händlers für Ihren Konkurrenten in welcher Funktion arbeiten. So schätzen Sie die vertriebliche Schlagkraft des Wettbewerbes ab.

Die Stellenanzeigen des Wettbewerbs

Es sind ja nicht mehr so viele wie früher. Aber einmal grundsätzlich: Stellenanzeigen präsentieren Ihnen den Personalbedarf des Wettbewerbs, insbesondere, wenn Sie die Anzeigen über längere Zeit sammeln. Zusätzlich lernen Sie deren Selbstdarstellung kennen. Viele Unternehmen packen in die Stellenanzeige soviel nützliche Information hinein, dass man sogar deren Strategie erkennen kann: „Zum Ausbau des Geschäftsfeldes … suchen wir", „XXX AG expandiert nach Asien. Für unseren Standort YYY suchen wir".

Was die Presseagentur für Sie tun kann

Meinungen, Vorurteile aber auch akzeptierte Aussagen des Wettbewerbs beeinflussen die Kaufentscheidung der Endkunden ganz erheblich. Ihre Presseagentur kann mithelfen, wichtige Informationen darüber zu gewinnen. Deren Mitarbeiter können zum Beispiel die Pressekonferenzen der Wettbewerber besuchen und dort die Ohren und Augen aufhalten. Sie können befreundete Journalisten auch zu gezielten Fragen animieren und die Reaktionen darauf zu Ihnen weiter tragen. Vor allem diese Themenkreise werden bei Pressekonferenzen regelmäßig ausgiebig behandelt:

- Öffentlich bekannte Strategien der Wettbewerber,
- Marketingstrategien, Expansionspläne, neue Geschäftsfelder,
- Entwicklungspläne,
- Kaufmännische Kennzahlen,
- Daten über die Marktabdeckung,
- Referenzlisten, die der Wettbewerber für sich anführt,
- Wie sieht sich der Wettbewerber in Bezug auf andere Marktteilnehmer positioniert?
- Welche Meinung haben Fachjournalisten zu den anderen Anbietern und zu Ihnen?
- Was sehen die Wettbewerber als ihre Alleinstellungsmerkmale (USPs) an?
- Standorte, Leistungsfähigkeit der Vertriebs- und Serviceorganisation,
- Markteinschätzung,
- Marktanalysen,
- Analystenmeinungen und
- der Pressespiegel mit den Erwähnungen des Konkurrenten.

Lassen Sie mich klarstellen: Alle legal erhobenen Daten und Informationen dürfen im geschäftlichen Verkehr genutzt und weitergegeben werden. Wollten wir hingegen Informationen über Privatpersonen recherchieren und sammeln, gar zu deren Weitergabe beitragen, so kämen wir sehr schnell mit geltendem Recht in Konflikt. Sollten Sie Zweifel haben, ob ein von Ihnen gewünschtes Vorgehen rechtlich in Ordnung ist, so halten Sie unbedingt mit Ihrer Anwaltskanzlei Rücksprache.

Ihr Informationsrecht als Aktionär

Als Aktionär (eine Aktie reicht aus), stehen Ihnen zahlreiche Informationsmöglichkeiten offen, zumal die Investor Relations-Abteilungen der Aktiengesellschaften so großzügig wie möglich informieren. Sie erhalten detaillierte Informationen über Bilanzen, die Gewinn- und Verlustrechnung sowie viele Kennzahlen. Sie lernen die Pläne der jeweiligen AG bis zu einem bestimmten Grad kennen und haben zudem die Möglichkeit, in der Hauptversammlung der Gesellschaft Fragen zu stellen. Umfangreiche Literatur gibt Auskunft, welche Rechte dem Aktionär zustehen.

Der Aktionär erhält ohne viel Aufwand eine vollständige Pressemappe der AG mit Erfahrungsberichten über erfolgreich realisierte Projekte. Damit können Sie sich ein sehr genaues Bild über die Leistungsfähigkeit Ihres Konkurrenten machen.

Infos aus dem Internet, Chatboxen und Servicesites

Der Internetauftritt jedes Konkurrenten bietet eine Fülle von Möglichkeiten, den Wettbewerber genauer kennen zu lernen. Ganz wichtige Erkenntnisse lassen sich gewinnen, wenn der Wettbewerber öffentlich zugängliche Kunden-Chatboxen oder Servicesites unterhält. Diese Medien dienen seinen Kunden dazu, sich auszutauschen. Dort erfährt man eine Menge darüber, wie zufrieden einzelne Kunden mit diesem Anbieter sind, wie gut sein Kundendienst funktioniert und wo die Probleme seines Produkts liegen.

Viele Anbieter haben diese offene Flanke erkannt und öffnen ihre Sites nur noch Kunden, die eine Benutzer-ID und ein Passwort benutzen.

Schlussfolgerungen aus dem Wettbewerbsvergleich

Aus den Informationen über Ihren Wettbewerb wollen Sie lernen. Sobald die wichtigsten Informationen zu Themen wie:

– generelle Strategie,
– Organisation,
– Marketingstrategie,
– Vertrieb,
– Marktpenetration und
– Referenzen

gewonnen sind, lohnt sich die Umsetzung in eine übersichtliche Tabelle. Bei Net-Works verwenden wir Zahlenwerke, mit denen wir die Unternehmen vergleichen. Es hat sich bewährt, wenn Sie diese Bewertungsarbeit von einem Externen durchführen lassen. So gelangen Sie zu objektiveren Ergebnissen. Als Beispiel hier eine solche, wenngleich stark verfremdete Übersicht (Tabelle 7).

Tabelle 7: Beispiel für einen Wettbewerbsvergleich. Hier: Beurteilung von ERP-Systemen durch deren Anwender

Merkmale	Anbieter				
	AP	C.I.S.	command	infor	Wilkens
Bekanntheitsgrad	4,5	3,8	3	1,7	4,8
Markenwahrnehmung	4,8	4,1	2,9	1,5	4,9
Qualitätseinschätzung	3	2,2	2	2,2	2,9
Marktpenetration	4,8	3,7	3,9	2,4	3,8
Nutzen des Programms	2	1,8	1,5	1,3	2,4
Bewertung durch Schulnoten: 1 = sehr gut, 5 = sehr schlecht.					

Wären Sie Geschäftsführer von infor, würden Sie jetzt Ihre Aufgabe kennen: Ihr sehr gutes Image nutzen, um den zu erwartenden Angriffen der Image-Underdogs wie Wilkens oder AP zuvor zu kommen.

3
MASCOTE >Opportunity Tracking<

3.1
Die Marketingstrategie

Unternehmerischen Erfolg zu haben bedeutet, die richtigen Dinge zur rechten Zeit getan zu haben. Und zwar sowohl, was die Strategie als auch, was die Taktik anbelangt. *Strategie* bedeutet, langfristig die richtigen Dinge zu tun. *Taktik* bedeutet, die Dinge dann auch richtig, also professionell und wirkungsvoll, mittelfristig umzusetzen.

Dieser Unterschied, so subtil er auch erscheinen mag, bildet die Kluft zwischen Erfolg und Scheitern. Allerdings: Es gibt keinen einfachen Indikator, der den richtigen Weg zeigt. Nicht einmal die Beispiele der Erfolgreichen bieten eine Gewähr. So bleibt Strategieentwicklung eine Kunst. Es gibt keinen Schutz vor Misserfolg. Aber es gibt Grundregeln, deren Berücksichtigung die Wahrscheinlichkeit, sich am Schluss triumphal im Markt durchzusetzen, signifikant erhöht. Wir möchten sie Ihnen hier aufzeigen.

Haben Sie sich für eine Strategie entschieden und diese den Paradigmen Ihres Marktes angepasst, müssen Sie sich auf Dauer mit ihr einlassen. Denn nichts ist gefährlicher, als die einmal eingeschlagene Richtung ohne zwingenden Grund zu wechseln. Das vertragen weder Kunden noch Mitarbeiter noch die Lieferanten und erst gar nicht die Vertriebspartner.

Sie müssen in die Strategie auch investieren. Das heißt: Die Mitarbeiter entsprechend einschwören, die Kommunikation darauf ausrichten, die Vertriebspartner darauf festlegen und, vor allem, die Kunden dafür gewinnen. Bevor Sie sich also für eine Strategie entscheiden, prüfen Sie sorgfältig, ob Ihnen für eine entsprechende Marktbearbeitung ausreichende Mittel zur Verfügung stehen. Satteln Sie auf das geschätzte Budget am besten noch einmal mindestens die Hälfte drauf.

Orientieren Sie Ihre Strategien also an diesen drei Faktoren:

– Der Zielvorgabe (Mengenziel), abgeleitet aus der Analyse der Zielmärkte.
– Dem verfügbaren Budget für das Marketing und
– Ihren Personalressourcen.

Und dann brauchen Sie auch noch das übliche Quäntchen Glück.

Strategiecharakteristik

Drei Megastrategien prägen das Geschehen in den Technologiemärkten:

1. Die Urknall-Strategie: Durch Innovation einen neuen Markt schaffen;
2. Die Falkenstrategie: Etablierte aber noch junge Märkte auf breiter Front angreifen und
3. Geld verdienen in der Nische.

Es gibt Mischformen, und manchmal entwickelt sich die eine aus der anderen Strategie: So haben sich nicht wenige Pioniere, die mit Innovationen einen neuen Markt gemacht haben, nach dem Frontalangriff eines Konzern-Falken plötzlich in der Nische wieder gefunden. Dort sind sie nicht selten glücklicher als vorher, weil sie den Anforderungen des herauf ziehenden Massenmarktes ohnehin nicht gewachsen gewesen wären.

Für die Realisten unter den Mittelständlern ist die Nischenstrategie ohnehin die einzig Wahre. Wir werden sehen, warum. Zunächst aber:

Die Urknall-Strategie: Durch Innovation einen neuen Markt schaffen

Wir sprechen hier nicht von „neuen Produkten", im Sinne jener meist marginalen Produktvariationen, die den Anwendungsbereich eines bestehenden Produkts oder Prinzips ein wenig ausweiten – zum Beispiel ein Kompressor, der bei einer Größenreduzierung auf die Hälfte trotzdem 50 Prozent mehr Leistung erbringt. Auch nicht jene „Revolutionen", die aus einem Joghurt plötzlich ein links drehendes Abführmittel machen.

Wir sprechen vielmehr von der Erfindung des Radios, des Fernsehers, des Teflon, des Dieselmotors, der Dampfmaschine, der Biotechnologie, der supraleitenden Kabel und des Internet. Und den daraus abgeleiteten Basisanwendungen. Selten, dass einem kleinen oder mittelständischen Unternehmen ein solcher Wurf gelingt. Und falls doch, wenn, wie im Bereich der Biotechnologie, sich ein junger Forscher aus der Universität löst, um seine Entdeckungen zu vermarkten – dann kann er sich der Revolution oft nicht lange genug freuen, um sie in klingende Münze umzusetzen. Denn die Nachahmer sind schnell. Für die schnelle Marktdurchdringung braucht es erhebliche Mittel.

Daher hier auch nur die wichtigsten Grundregeln für die Durchsetzung der Urknallstrategie:

1. Konzentration auf wenige ergiebige Teilmärkte – sorgfältige Markterkundung (intensive Arbeit mit Pilotkunden, Einrichtung von Testmärkten);
2. Absichern der Alleinstellung – weltweiter Patentschutz (wenngleich auch dieser in seiner Schutzwirkung zweifelhaft ist);
3. Offensive Verbreitungsstrategie – freigiebig sein mit Lizenzen.

Vor allem die Lizenzvergabe macht Sie zum Gewinner. Denn erst damit machen Sie die potenziellen Wettbewerber und Neuheitendiebe zu Verbündeten. Verinnerlichen Sie die schlimmen Erfahrungen, die Sony und Grundig machen mussten: Obwohl beider Videorecorder-Technik die von Panasonic haushoch übertraf, machten die Japaner das Rennen, weil sie freigiebig Lizenzen vergaben und so die Last der Marketingkosten auf viele Schultern verteilten.

So vermeidet es der Innovator, zum wehrlosen Opfer für die Falken zu werden. Es gilt die Regel: Lernen Sie aus dem Internet-Crash! Halten Sie nicht jede Neuheit für eine Innovation, erst recht nicht für eine Revolution. Deswegen bleibt es die zentrale Herausforderung, die „Revolution" auch wirklich zu erkennen. Dies ist eine typisch unternehmerische strategische Aufgabe.

Die Falkenstrategie: Angriff auf breiter Front

Falkenstrategie heißt: Das ökonomische Feld von oben her beobachten und, sobald ein Markt sich zu einer lohnenswerten Beute entwickelt hat, blitzschnell zuzuschlagen, die Beute verschlingen und sich in deren Revier unwiderruflich breit machen. So hat es IBM mit den Heimcomputern gemacht: Interessiert beobachtet, wie sich Apple stürmisch entwickelt, registriert, wie die Wettbewerbssysteme zu immer mehr Bedeutung gelangten und im richtigen Moment mit Urgewalt in das Geschehen eingegriffen, als die Tendenz zum Megamarkt PC erkennbar wurde. Das Ergebnis heute: IBM als großer PC-Hersteller neben einer Unzahl kleiner No Name-Anbieter und der einstmalige Platzhirsch, Apple (der IBM damals noch höhnisch mit „Welcome IBM" begrüßt hatte) zur eher bedeutungslosen Marke für Puristen und Grafikspezialisten degeneriert; in die (wenn auch ziemlich große) Nische gesperrt.

Das schreit einerseits zum Himmel: Den anderen die Pionierkosten überlassen und sie dann, wenn sie gerade ein wenig Speck ansetzen, aufzufressen oder aus dem Nest zu drängen. Andererseits spricht es von kühlem, unsentimentalem Kalkül und einem Sinn für die optimale Ressourcennutzung (zur Ehrenrettung IBMs sei auf dessen gigantisches und extrem Ressourcen verschlingendes Forschungszentrum hingewiesen).

Diese Strategie zeugt aber auch von hoher Risikobereitschaft. Denn wer, selbst wenn er IBM heißt, als Newcomer in einen Markt einbricht und weiß, dass er es ist, der die Regeln dort neu zu definieren hat, der muss bereit sein, dafür extrem hoch zu investieren. Daher ist die Falkenstrategie eigentlich nur den Großunternehmen reserviert. Wenngleich: Wer definiert eigentlich „groß"? Es kann ja Teilmärkte mit relativ wenigen, sehr kleinen Teilnehmern geben, die sogar für halbstarke Falken von Interesse sind. Um ein anderes Bild heranzuziehen: Kleine Krokodile fressen Kaulquappen.

Die Falkenstrategie hat nichts mit Fusionen innerhalb eines Marktes oder einer Branche zu tun, sondern ausschließlich mit einem Überfall durch bis dahin Fremde. Wer dabei Erfolg haben will, muss

- den fremden Markt bis in die kleinsten Details kennen,
- vor dem Angriff vollkommen unentdeckt einen vom ersten Moment an schlagkräftigen Vertrieb aufbauen,
- eigenständige Produkte in der Hinterhand haben (die japanischen Automobilhersteller haben es in den 70-er Jahren vorgemacht: Ein paar kostenlose Ausstattungsbesonderheiten reichen meist) und

– eine Kommunikationskampagne aufbauen, nach deren Kenntnisnahme die Kunden sich spontan fragen, warum sie sich bisher immer mit der Laienschar der herkömmlichen Anbieter abgegeben haben.

Wer erfolgreich Falke sein will, muss demnach Außergewöhnliches bringen: in der Marktbeobachtung, in der Personal- und Produktentwicklung und im Verständnis für Kommunikationsgewohnheiten. Wer das nicht leistet, der sitzt plötzlich in einem ihm fremden Markt und merkt, dass niemand mit ihm etwas zu tun haben will – siehe die mühsame Entwicklung von SAP im Markt der für mittelständische Unternehmen geeigneten betriebswirtschaftlichen Programme. Dann kommt er manchmal nur arg gerupft aus dem Feld – nicht unbedingt, weil die Angegriffenen ihm so zusetzen; sondern weil er am Schluss seine Federn selber fressen muss.

Für die Kleinen bleibt also die Herausforderung, ständig wachsam zu sein wie die Murmeltiere und auf die geringsten Warnsignale zu reagieren. Die aber ergeben sich ausschließlich aus der Marktbeobachtung: Kauft ein Branchenfremder systematisch Top-Kräfte auf? Haben sich die Gemeinkosten der Wettbewerber so weit nach unten entwickelt, dass selbst Konzerne mit ihren gewaltigen Overheads noch positive Deckungsbeiträge erwirtschaften können?

Für die Gefressenen und Verdrängten nicht, höchstens noch für die Überlebenden mag es ein kümmerlicher Trost sein, dass auch die Falken irgendwann unter die Räder geraten. Obwohl noch immer ein respektabler PC-Hersteller, wurde der Gigant IBM in seiner Marktbedeutung von DELL auf die Plätze verwiesen, der PCs nach Kundenwunsch „maßschneidert". Da hat ein Händler-Falke einen Hersteller zur Maus gemacht.

Geld verdienen in der Nische

Immer wieder hört von man von Unternehmen, die eine Nische erfolgreich besetzt haben. Nische bedeutet: Abseits des Mainstreams für eine exklusive Zielgruppe arbeiten. Für Kunden, die wegen ihrer niedrigen Abnahmemengen von den Massenanbietern gar nicht wahrgenommen werden und die ihrerseits Nischenprodukte herstellen.

Ein solcher Nischenspezialist ist zum Beispiel der Anbieter von Wärmedämmstoffen und der Entwickler des Schlachtviehzerlegeprogramms, die zuvor vorgestellt wurden.

Sie verbindet das Merkmal „Kleiner Markt". Sie trennt der Innovationsgrad des Produkts: Der Wärmedämmstoffhersteller bietet etwas an, was die Großen eigentlich auch haben, nur in einer Auslegung, die diese nicht anbieten wollen. Wachsen kann er meist auch nur, indem er andere verdrängt oder sich einverleibt. Dann muss er aber sorgsam darauf achten, nicht zu erfolgreich zu werden, weil er sonst selbst den Appetit der Großen weckt.

Beim Schlachtviehzerlegeprogramm handelt es sich um etwas komplett Neues. An das Andere bisher noch nicht gedacht haben oder mit dessen Entwicklung sie möglicherweise gescheitert sind. Oder an das sie gedacht haben, es aber wegen des doch sehr begrenzten Marktes nicht in Angriff genommen haben.

Dieser Unternehmer hat große Chancen, sich mithilfe einer behutsamen Ausdehnungsstrategie in benachbarte Bereiche weiter zu entwickeln. Entweder in alle Arbeitsbereiche, die sich im Schlachthaus per Computer rationalisieren lassen oder in alle Märkte, bei denen es um die Zerteilung unregelmäßig geformter Grundmaterialien geht – zum Beispiel in Steinbrüchen? Im Sägewerk?

Deutlich wird: Nischen gibt es in etablierten wie in neuen Märkten. Sie können durchaus Milliardenumsätze ermöglichen. (Apple setzt 5 Mrd. in seiner Nische um). Das Leben in der Nische bietet also eine Reihe von Vorteilen:

– Vernünftige Gewinne aufgrund der zumeist eher preistoleranten Abnehmer,
– Überschaubares Risiko, da nur wenige Wettbewerber vorhanden sind und
– Enger Kontakt zum Kunden, also zum Zielmarkt.

Im Wettbewerb bleibt allerdings nur ein zeitlich eng begrenzter Schonraum. Denn die Nachahmer sind schnell, und mit ihnen kommt auch das Preisgefüge ins Wanken.

Da helfen nur der enge Kontakt zum Kunden und eine mustergültige Serviceorientierung. Gerade dann, wenn ein Nischenanbieter für eine Zeit lang seine Rolle als Monopolist genießt. Das hat die Entwicklung der Telekom im Monopolmarkt Deutschland gezeigt: Viele Kunden wechselten nicht nur wegen der plötzlich so niedrigen Preise den Anbieter, sondern weil sie sich lange genug über die Arroganz des Monopolisten geärgert hatten. Wobei ich weiß, dass es schon kühn ist, den deutschen Telefonmarkt als Nische zu beschreiben.

Das führt zu der Frage, ob Nischenstrategien ausschließlich dem Mittelstand vorbehalten bleiben. Zunächst möchte man dem zustimmen. Aber Vorsicht: Es gibt Großunternehmen wie Apple, die sich auch in Nischen sehr erfolgreich durchsetzen. Ihnen ist es gelungen, die Organisation trotz des hohen Kontrollaufwands schlank genug zu halten, damit die Nischenprodukte einen positiven Deckungsbeitrag erwirtschaften können.

Im Übrigen ist dem Vorstandsvorsitzenden der SMS Demag (Maschinen- und Anlagenbau) zuzustimmen, der von der Integration der Zulieferanten in seinen Konzern wenig hält. Gerade, weil diesen kleinen und mittleren Unternehmen die finanzielle Last einer Großorganisation nicht zugemutet werden kann.

Strategien im Vergleich

In der Zusammenschau stellen sich die Merkmale der drei Strategien in den wichtigen Faktoren Markt, Wachstum und Budgetanforderung so dar (individuelle Abweichungen bestätigen die Regel – Tabelle 8):

Tabelle 8: Merkmale der drei wichtigsten Strategien im Investitionsgütermarketing

Dynamik	Urknall	Falkenstrategie	Nischenstrategie
	Markt wird neu geschaffen	Verdrängung	Teils Verdrängung, teils entsteht ein neuer Markt
Marktanteilswachstum	Sehr rasch	Eher langsam	Stark vom Budget abhängig
Erforderliches Budget	Hoch	Sehr hoch	Auch von kleineren und mittleren Betrieben finanzierbar

Auch Großunternehmen, wenn sie vor der Entscheidung für eine dieser Strategien stehen, bedienen sich dieses Rasters. Darauf können Sie sich einstellen.

Erfolgsfaktoren einer Marketingstrategie

Marketingstrategien sind üblicherweise mittelfristig ausgerichtet, also auf eine Dauer von drei bis fünf Jahren. In besonders stürmisch wachsenden Märkten kann es allerdings passieren, dass eine Strategie von heute auf morgen zur Makulatur wird. Solche Paradigmenwechsel innerhalb kurzer Zeit sind jedoch im Investitionsgütermarkt eher die Ausnahme.

Für einen normalen, mittelfristig angelegten Marketingplan sind eine Reihe wichtiger Erfolgsfaktoren zu optimieren. Sie sind gültig für jedes Produkt und jede Dienstleistung. Sie orientieren sich ausschließlich an den Rahmenbedingungen, die der Markt vorgibt. Diese Faktoren sind:

- Das Produkt, die Dienstleistung und deren USP,
- Die Branchenrelevanz des Produkts,
- Die Beschaffenheit der Zielmärkte;
- Der „wirksamste Punkt";
- Die Vertriebswege;
- Die Ausgestaltung des Preismodells sowie
- die phasenrechten Werbe- und PR-Maßnahmen. Ausgespart ist der in Marketingplänen sonst enorm wichtige Faktor „Produktgestaltung", weil diese Ausführungen sich auf das Marketing für bereits bestehende Produkte beschränken.

Wir gehen ebenfalls davon aus, dass die Markterkundung nach dem vorne beschriebenen Muster bereits geleistet ist.

Das Produkt und sein USP

USP bedeutet „Unique Selling Proposition" – Alleinstellungsmerkmal. Das, was Ihr Produkt dem der Wettbewerber voraushat. Egal, ob es sich um den Kernnutzen des Produkts handelt (selten) oder um Zusatznutzen (gewinnt zunehmend an Bedeutung). Nun liegt es in der Psyche eines jeden Produktverantwortlichen, sein Baby für unverwechselbar, unvergleichlich und mithin unwiderstehlich zu halten. Anders könnte er sich für dessen Vermarktung gar nicht einsetzen.

Daher ist das Ergebnis des folgenden simplen USP-Tests oft so schmerzlich: Lesen Sie aufmerksam die Prospekte Ihrer Wettbewerber. Wenn Sie dort den Namen des Wettbewerbsprodukts problemlos durch den Namen Ihres Produkts ersetzen können, sollten Sie sofort alle kreativen Köpfe Ihres Unternehmens versammeln. Denn Sie haben keinen USP, sondern ein komplett austauschbares Produkt. Und das wird Sie in die Preis- und damit in die Ertragsspirale ziehen. Nach unten.

Vergessen Sie aber nicht, die „weichen" Faktoren, also Image und Serviceleistungen, in den Vergleich mit einzubeziehen. Denn darüber haben wir ja schon berichtet: In den meisten Märkten sind es die weichen Faktoren, die den Vorsprung eines Produktes ausmachen.

Eng mit dem USP verbunden ist die Branchenrelevanz eines Produkts. Es stellt sich ja immer wieder heraus, dass selbst die komplexesten Investitionsgüter, manchmal nur in leicht abgewandelter Form, auch in anderen Branchen als den herkömmlichen verwendet werden können.

Die Branchenrelevanz

Manchmal sind Unternehmer geradezu fixiert auf die Märkte, in denen sie gerade aktiv sind. Sie stöbern in jeder nur denkbaren Nische, suchen weltweit nach nicht erfassten potenziellen Kunden – und bleiben dabei stets in ihrer Branche gefangen. Sie tun so, als wäre das Produkt, das sie anbieten, ausschließlich „vertikal", mithin auf einen eng begrenzten Zielmarkt oder Anwendungsbereich ausgelegt. Dabei haben nahezu alle Produkte ein „horizontales" Potenzial. Das bedeutet: Branchen übergreifend.

Einige Beispiele: Der klassische PC ist ein typisch horizontales Produkt, das von fast jeder Person sinnvoll benutzt werden kann. Das Programm hingegen, das den Allerwelts-PC, der zum Beispiel zur Auswertung von Computertomographien angeschafft wurde, in die Lage versetzt, diese Aufgabe zu erfüllen, ist ein vertikales Produkt. Es ist nur für diese Auswertung geschaffen. Auch spezielle Magnete oder Schalter, die ausschließlich in Computertomographen verwendet werden, sind vertikal genützte Komponenten. Magnete und Schalter an sich sind wieder horizontal.

Wer die „Richtung" seiner Produkte und Dienstleistungen kreativ durchdenkt, wird zwangsläufig eine erhebliche Ausweitung der Zielmärkte feststellen, weil er jetzt zuvor nicht beachtete Branchen im Visier hat. Diese muss er nur noch bewerten, um geeignete Prioritäten setzen zu können.

Es geht ja auch um die Frage, ob Sie Ihr Produkt Schritt für Schritt in die einzelnen Branchen einführen, oder ob Sie alle relevanten Branchen auf einen Schlag bearbeiten wollen. Das hat natürlich Einfluss auf die Größe der notwendigen Budgets und auf die Personalrekrutierung.

In den allermeisten Fällen gibt es Sinn, sich bei der horizontalen Strategie auf einige wenige besonders interessante Branchen zu konzentrieren und diese intensiv, also vertikal, zu bearbeiten. Der Anbieter, der die Bedürfnisse weniger ausgewählter Branchen sehr gut kennt und sich mit seiner Marketingarbeit darauf ausrichtet, ist damit meist erfolgreicher, als mit „Gießkannenmarketing".

Die Orientierung am Produktlebenszyklus

Produkte altern wie Menschen, ihr Leben unterteilt sich in vier Phasen (Abbildung 3):

1. die Einführungsphase,
2. die Wachstumsphase,
3. die Phase der Reife und
4. die Endphase.

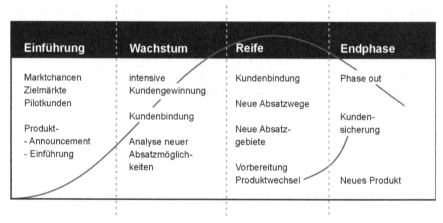

Abb. 3: Produktlebenszyklus. Jedes Produkt durchläuft vier Entwicklungsphasen, die jede eine spezielle Strategie und spezifische Marktbearbeitungsmaßnahmen notwendig machen. Die Kurven zeigen den Verlauf der Umsatzentwicklung. Bei der Vorbereitung zum Produktwechsel (Zyklensegment „Reife" unten) wird deutlich, dass besonders Wert auf Kundenbindungsmaßnahmen gelegt werden muss, damit bestehende Kunden den Produktwechsel problemlos mitmachen können

In jeder Phase sind die Anforderungen an das Budget, den Vertrieb und die Kommunikation unterschiedlich. Deutlichstes Beispiel: „Neu" ist ein Produkt nur in der Einführungsphase, den Begriff später einzusetzen wäre nicht nur ungesetzlich, sondern auch unglaubwürdig. Selbst wenn später noch ein weiteres besonderes und neues Feature hinzukommt, ist ein eingeführtes Produkt in den Augen der Anwender alt, weil vertraut.

Nicht selten kommt es vor allem bei Investitionsgütern vor, dass ein im angestammten Teilmarkt bereits in die Endphase eingetretenes Produkt in einem benachbarten Teilmarkt erst eingeführt wird, dort also gänzlich neu ist.

Auch hierzu ein Beispiel: Seit etwa 1995 sind elektronische Dokumentenmanagement (DMS)- und Archivsysteme in einem rasanten Vormarsch. Großunternehmen, vorwiegend Banken und Versicherungen, haben sehr schnell die Nutzen erkannt und früh in die neue Technik investiert. Daher sind in diesen Marktsegmenten DMS-Systeme deutlich weiter verbreitet, als beispielsweise bei mittelständischen Maschinenbau-Unternehmen. Der Teilmarkt der mittelständischen Unternehmen befindet sich demnach in der Wachstumsphase, während die Situation bei Großbetrieben bereits zwischen „Reife" und „Endphase" liegt.

Daraus ergibt sich für die Produkte ein gespreiztes Marketing, das sich vor allem in der Vertriebssteuerung und in der Kommunikation niederschlägt. Und damit auch in der Belastung des Budgets.

Zielmärkte
Die Strategie-Differenzierung nach Branchenkennziffern

Die für diese Aufgabe zunächst wichtige quantitative Erfassung Ihrer Zielmärkte erstreckt sich auf

1. Die Branche, in der Ihr Produkt verwendet wird,
2. Die Größe der Betriebe, für die Ihr Produkt infrage kommt, und
3. Die Struktur der Branche.

Diese Daten sind wichtig, weil sie aus ihnen das

– Umsatzpotenzial errechnen und
– notwendige Varianten der Marktbearbeitung ableiten

können.

Die *Branchenkennziffern*, die Sie bei den Verbänden abfragen können, geben Ihnen Auskunft über die Umsätze, die Personalstärken und das Investitionsvolumen dort – allerdings nur in der summarischen Zusammenfassung.

Bei der Ermittlung der *Betriebsgrößen* sind Sie auf die Veröffentlichungen und andere Marktsignale der am Markt teilnehmenden Unternehmen angewiesen.

Die *Struktur der Branche* ist von enormer Bedeutung für Ihre Strategie. So arbeiten zum Beispiel der Hersteller von Elektrogeräten und der Großhändler in der gleichen Branche. Dennoch wird der Großhändler ganz andere Anforderungen an Ihr Produkt stellen als der Hersteller, zum Beispiel an Gabelstapler oder Abrechnungssoftware. Hier gilt, dass die Art des Geschäftes („wo verdient der Kunde sein Geld?") fundamental die Bedürfnisse des Zielkunden bestimmt. Deswegen ist eine Analyse der Branchenstruktur so wichtig. Die darauf folgende qualitative Auswertung hat das Ziel, jene Segmente herauszuarbeiten, die den größten Bedarf an Ihrem Produkt haben.

Wenn Sie über die notwendigen Daten erst einmal verfügen, ist das weitere Vorgehen relativ einfach: Sie differenzieren Ihren Zielmarkt oder gleich mehrere, nach verschiedenen Einflussfaktoren, zum Beispiel nach den Betriebstypen und den wichtigsten Nutzenerwartungen. Daraus ergibt sich ein Raster, in dem Sie Kennzahlen eintragen, mit denen Sie die Bedarfsgröße der einzelnen Unternehmenstypen eingeschätzt haben. Das sieht zum Beispiel so aus (Tabelle 9):

Tabelle 9: Beispiel für eine Käuferstrukturanalyse am Beispiel der Marktabdeckung mit Virenschutzprogrammen in einzelnen Wirtschaftsbereichen.

Unternehmensgröße	Marktabdeckung mit Virenschutzprogrammen		
	Im Handel	In der Fertigung	In Banken
< 50 Mitarbeiter	15 %	19 %	85 %
50 – 250 Mitarbeiter	28,5 %	44 %	92,5 %
> 250 Mitarbeiter	46,1 %	56,5 %	99,5 %

Diese Abschätzung sollte später kontinuierlich durch enge Kontakte zu den Teilzielgruppen verifiziert und angepasst werden.

Portfoliodarstellungen zur Bestimmung der Zielmarktdynamik

Ein Portfolio stellt die Ergebnisse der Marktanalyse mehrdimensional dar. Es zeigt den Zustand eines Zielmarktes sowie den Abstand zwischen den Wettbewerbern und liefert so entscheidungsrelevante Information.

Portfolios werden stets in ein Koordinatensystem projiziert, das auf der x- und der y-Achse bestimmte Kennzahlen abbildet, zum Beispiel die Marktposition oder die Wachstumsrate.

In dieses Koordinatensystem tragen Sie die Position Ihrer Wettbewerber und Ihre eigene ein. Damit haben Sie bereits eine zweidimensionale Abbildung Ihrer Bedeutung im Markt geschaffen. Wenn Sie nun auch noch die Unternehmensgrößen hinzufügen, indem Sie Ihre und die Größe der Wettbewerber durch Kreise unterschiedlicher Größe (zum Beispiel Anzahl der Mitarbeiter oder Investitionsvolumen oder Gewinn oder andere Kennzahlen) eintragen, erhält das Portfolio eine dynamische, die dritte Dimension. Denn nun können Sie abschätzen, von welchem Wettbewerber Ihnen in naher Zukunft die größte Gefahr droht (Abb. 4).

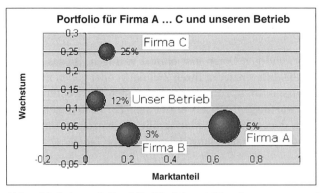

Abb. 4: Marktdynamik-Portfolio. Die Achsen bilden den momentanen Marktanteil eines Produkts oder eines Unternehmens (vertikale Achse) und deren Wachstumsquotienten (horizontale Achse) ab. Der Umfang der Produkt-/Unternehmens-Darstellung entspricht dessen Größe, hier in Form der Mitarbeiterzahl. Danach hat das Unternehmen C im Markt die beste Performance: Es wächst bei niedriger Mitarbeiterzahl am schnellsten

Der Befund aus diesem Portfolio: Der größte Wettbewerber, Firma A, hat zugleich den größten Marktanteil, wächst aber auch am langsamsten von allen. Hier ist nichts Dramatisches zu erwarten, auch nicht von B (wenn nicht neue Verantwortliche für das Marketing eingestellt werden). Das Unternehmen, welches unsere höchste Aufmerksamkeit erfordert, ist der Betrieb C. Er beschäftigt weniger Mitarbeiter als wir, hat mehr als den doppelten Marktanteil und wächst sehr rasch. Mit diesem Unternehmen sollten wir uns stärker auseinandersetzen und versuchen, von ihm zu lernen. Was macht es besser als wir? Sind deren Kunden zufriedener, die Produkte besser an den Markt angepasst? Wo liegt die Ursache für den offensichtlichen Erfolg?

Wir stellen anhand dieses Portfolios außerdem fest, dass der Zielmarkt schon weitgehend gesättigt ist. Wettbewerber A hält rund 50 Prozent der Marktanteile. Anbieter B in etwa 25 Prozent, womit drei Viertel des Marktes in Feindeshand sind. Die verbleibenden 25 Prozent teilt sich Ihr Unternehmen mit dem rasch wachsenden Unternehmen C. Dieses Portfolio sagt einem Unternehmen, das hier Fuß fassen möchte, dass der dargestellte Markt keine guten Einstiegschancen bietet. Zumindest nicht, wenn er mit weitgehend vergleichbaren Produkten auftreten will. Wesentliche Anteile sind nur durch Verdrängung zu gewinnen. Es winkt höchstens eine Randexistenz.

Je gezielter ein Portfolio erarbeitet wird, desto exakter sind die Ergebnisse, auf denen Sie die Marketingstrategie aufbauen können. Das gilt ganz besonders, wenn Sie eine horizontale Strategie fahren wollen, also eine, bei der Sie in mehrere unterschiedliche Branchen eindringen. Da gilt es vor allem, den Platzhirsch im Auge zu behalten, also die kleinen, wendigen Spezialisten, die meist auch die Innovations- und Meinungsführer sind. Suchen Sie daher gezielt nach solchen Unternehmen. Beziehen Sie diese auf jeden Fall in die Portfolioanalyse ein. Drei Hinweise noch:

Verwenden Sie stets Durchschnittswerte aus mindestens drei Jahren Marktentwicklung. Nur so können Sie Irrtümer aufgrund von Momentaufnahmen und Sonderentwicklungen vermeiden.

Beauftragen Sie stets einen Außenstehenden mit der Erstellung der Portfolios, am besten das Marktforschungsinstitut. Von den eigenen Mitarbeitern erhalten Sie, aus verständlichen Gründen, mit hoher Wahrscheinlichkeit nur geschönte Darstellungen. Diese sind aber a) das Geld, das sie dafür aufgewendet haben, nicht wert und b) der erste Schritt in ein Strategieversagen.

Wir haben im Kapitel Marktanalyse gesehen, wie wichtig es ist, das Umfeld der Wettbewerber auszuleuchten. Dazu gehört auch die Information, wie die Wettbewerber aus Sicht Ihrer potentiellen Kunden gesehen werden. Denn nur diese Sicht interessiert, ganz im Gegensatz zu Meinungen Ihres Vertriebes oder der Geschäftsführung. Allein der Kunde entscheidet. Und wenn der Wettbewerber ein noch so übles Produkt anbietet – wenn es am Markt angenommen wird, ist nur dieses Faktum wichtig.

Der wirksamste Punkt

Von Archimedes, dem Entdecker der Hebelgesetze, ist die Forderung überliefert „man zeige mir den geeigneten Punkt, wo ich den Hebel ansetzen kann, und ich hebe die Welt aus den Angeln". Dieser Punkt war für ihn der „wirksamste": Wo muss ich ansetzen, um mit möglichst wenig Aufwand die beste Wirkung zu erzielen? Dieses Prinzip gilt für jede, auch die ökonomische Strategie.

Beispiel Ikea. Für das Unternehmen war der wirksamste Punkt die Idee, zerlegte Möbel zum Selberbauen anzubieten. Damit hoben die Manager die Welt des Möbelhandels tatsächlich aus den Angeln. Es geht aber auch weniger Welt bewegend.

Für ein von uns beratenes Unternehmen war in der Aufgabe, einen Wandel in der Vertriebspolitik vorzubereiten, ein spezieller Event der „wirksamste Punkt". Wir luden zu einem Meinungsaustausch zwischen den Endkunden (die zuvor vom Hersteller direkt beliefert wurden), auch die zukünftigen Handelspartner ein. Die sollten über kurz oder lang die Rolle der bislang eingesetzten Außendienstmitarbeiter übernehmen.

So lernten sich die Endabnehmer und ihre neuen Gesprächspartner zwanglos kennen, und die neuen Vertriebspartner gewannen einen nachdrücklichen Eindruck von der Akzeptanz des Produkts. Zwei Fliegen mit einer Klappe – wirksamster Punkt.

3.2
Vertriebswege

Die Wahl des geeigneten Vertriebswegs hat erheblichen Einfluss auf Ihren Erfolg. Diese Feststellung bezieht sich nicht allein auf die Leistungspotenziale des Vertriebs, sondern auch auf die Flexibilität Ihrer Gesamtstrategie. Denn frühzeitig von einem Vertriebsweg auf den anderen zu wechseln, zum Beispiel von freien Handelsvertretern zu eigenen, fest angestellten Verkäufern, zieht in der Regel einen Rattenschwanz juristischer Auseinandersetzungen hinter sich her. Denn ein Handelsvertreter, der sich die Schuhe abgelaufen hat, um Ihr Produkt in den Markt zu bringen, lässt sich nur mit Gewalt und einer hohen Abfindung aus der Verantwortung lösen, wenn seine Bemühungen endlich erfolgreich zu werden beginnen und er jetzt die Früchte seiner Arbeit zu genießen gedenkt.

Andererseits ist es manchmal schon aus Kostengründen zwingend notwendig, die Vertriebsart zu wechseln. Wenn Sie da nicht entsprechend geplant haben, binden Sie Ihre Ressourcen plötzlich in vermeidbaren Streitereien.

Wir empfehlen daher stets, die Distributionswege für zehn Jahre voraus zu planen und sich Wechseloptionen binnen kurzer Intervalle, zum Beispiel von drei Jahren, offen zu halten. Denn der Markt für professionelle Anwendungen lässt sich mit einem Direktvertrieb zwar gut öffnen, ab einem bestimmten Bekanntheitsgrad des Produkts lässt sich die Nachfrage jedoch nur noch durch Handelspartner flächendeckend bedienen.

Wie beschäftigen Sie dann aber Ihre fest angestellten Vertriebsleute? Sie könnten sie im Rahmen der horizontalen Strategie woanders und/oder für andere Produkte einsetzen, was im Prinzip ja eine gute Sache ist. Nur lassen Sie sich dann Ihre Produkt- und Vertriebsstrategie von den Bedürfnissen der freien Mitarbeiter bestimmen – das wiederum ist hoch riskant. Betrachten wir also die Vor- und Nachteile der verschiedenen Absatzwege.

Der Direktvertrieb

Den Verkauf durch eigene, fest angestellte Vertriebsmitarbeiter bezeichnet man im Investitionsgütermarkt als Direktvertrieb (anders im Konsumgütermarkt. Da umschreibt der Begriff den Verkauf von Produkten am Handel vorbei direkt an den Endverbraucher – Beispiel Tupperware). Dabei müssen Sie zwar alle Kosten selbst tragen, brauchen aber den Deckungsbeitrag nicht mit fremden Dritten wie Handelsvertretern zu teilen. Einmal abgesehen von der Erfolgsprovision für Ihr Team.

Ein Direktvertrieb ist sehr schlagkräftig, wenn er straff geführt wird und motiviert ist. Er eignet sich gut, Marketingkampagnen nachdrücklich umzusetzen. Der Mitarbeiter, vorausgesetzt, er wird kontinuierlich dazu angehalten, bringt zumeist auch gut verwertbare Rückmeldungen aus dem Markt: „Der Wettbewerber XY tut dies und das ...", „Wenn ich dieses Feature noch zusätzlich hätte anbieten können, hätte ich bei ABC abgeschlossen". Die eigenen Vertriebsleute sind auch deutlich flexibler als Externe, wenn es darum geht, schnell einmal ein neues Produkt im Markt zu testen.

Der Direktvertrieb ist aber auch nicht unproblematisch. Da sind zum einen die hohen Personalkosten und das Problem, entsprechend qualifizierte Mitarbeiter zu bekommen. Gerade das Rekrutierungsproblem verhindert es, stürmisch wachsende Märkte auch proportional zu bedienen. Oder das Glück ist dem Unternehmen hold, und es kommt in die erfreuliche Lage, ein wirklich revolutionäres Produkt anbieten zu können – irgendwann ist auch der Fleißigste überfordert, noch ein weiteres Produkt mit derselben Sorgfalt zu betreuen wie die anderen. Oder die Bestandskunden nicht wegen der Verlagerung des Vertriebsschwerpunkts zu vernachlässigen.

Stichpunktartig zusammengefasst sind dies die wichtigsten Vor- und Nachteile des Direktvertriebes (Abb. 5):

Vorteile	Nachteile
Leistungsstarker, gut führbarer Vertrieb	Alle Kosten beim Hersteller
Geeignet als „Radar am Markt"	Hoch qualifizierte Mitarbeiter notwendig
Ungeschmälerter Deckungsbeitrag	Kann ein Wachstumsbegrenzer sein
Schnell einsetzbar, um neue Ideen zu testen	Wachstum nur mit eigenem Geld möglich

Abb. 5: Vor- und Nachteile des Direktvertriebs

So bedienen sich viele Unternehmen zeitlich und/oder situativ exakt definierter Kombinationsstrategien, mit denen sie flexibel auf die sich wandelnden Rahmenbedingungen reagieren können.

Oft benutzt man den Direktvertrieb auch, um mit ihm ein neues Produkt direkt an die Verwender heranzubringen. Später erhalten dann die eigenen Leute den Auftrag, Handelspartner zu akquirieren und zu betreuen. Damit wird die wichtige erste Hürde für den Markterfolg unter voller eigener Kontrolle genommen, während der Handel später die Verantwortung für die Breitendistribution übernimmt.

Nie auf den Direktvertrieb verzichten sollte das Unternehmen aber, wenn der Deckungsbeitrag eines Produkts unbedingt gehalten werden muss. Denn der Vertrieb über den Handel bringt immer einen Margenverlust mit sich.

Der indirekte Vertrieb

Beim indirekten Vertrieb gibt der Unternehmer die Verantwortung für den Erfolg des Produkts teilweise aus der Hand und erhält dafür meist auch noch geringere Margen als im Direktvertrieb. Trotzdem muss er erfolgsträchtig sein, sonst würden ihn nicht so viele Strategen vorziehen. Es bieten sich drei Varianten an, unter denen es selbstverständlich Mischformen gibt. Den Vertrieb über:

- Handelsvertreter,
- Fachhandelspartner,
- Franchisenehmer.

Eine häufig zu findende Mischform ist der Vertrieb über eine Niederlassung, an der auch ein Fachhandelspartner oder ein Franchisenehmer beteiligt sein kann.

Kooperation mit einem Handelsvertreter

Der klassische Handelsvertreter bearbeitet ein Verkaufsgebiet in der Regel exklusiv. Für alle Verkäufe in seinem Gebiet steht ihm eine Provision zu, auch wenn er einen Abschluss nicht selbst getätigt hat. Das Handelsgesetzbuch und die geschlossenen Verträge bestimmen die Details. Handelsvertreter können sehr effektiv arbeiten, wenn sie wirkliche Fachleute sind und ein gut entwickeltes Beziehungsnetz mitbringen.

Kooperation mit dem Fachhandel

Der Begriff ist diffus und daher schwer zu beschreiben. Seine Ausprägungen reichen vom Eisenwarengeschäft mit breitem Sortiment bis zum Ingenieurbüro, das auch Verkäufer beschäftigt. Wie auch immer der Fachhändler strukturiert ist: ausschlaggebend ist die fachliche Qualifikation.

Der Fachhändler kann meist keine Exklusivität für ein Verkaufsgebiet beanspruchen. Häufig wird aber ein Exklusivrecht für namentlich benannte Schlüsselkunden vereinbart, die nur der Fachhandelspartner bedienen darf.

Kooperation mit einem Franchisenehmer

Franchising bedeutet den Verkauf von Nutzungsrechten an einer Produkt- und Vertriebskonzeption. Bekannt ist es durch seine Ausprägungen im Konsumgütervertrieb: McDonalds, Eismann. Es gibt aber auch ein Netz privater Sprachschulen, das im Franchise-System betrieben wird. Der Vertrieb von Investitionsgütern über das Franchise-System ist eher unbekannt, denkbar ist allerdings eine entsprechende Servicekette. Vor allem dann, wenn sich mehrere Anbieter zusammentun, um für ihre Serviceleistung eine flächendeckend gleich hohe Leistung zu sichern.

Das Franchise-Prinzip lebt von der strikten Bindung der Franchise-Nehmer an die Vorgaben des Franchisegebers. Dazu gehören einheitliches Auftreten, Verpflichtung zu kontinuierlicher Schulung und eine einheitliche Rechnungsstellung bei flächendeckend identischen Preisen.

Vorteile des Franchise-Systems sind die hohe Flexibilität und die kompromisslose Weisungsgebundenheit. Nachteile sind die hohen Kosten durch den Zwang zur kontinuierlichen Verbesserung des Systems und der personellen Weiterentwicklung.

Der indirekte Vertrieb im Überblick

Ganz abgesehen von der Qualifikation der Vertriebspartner hängt der Erfolg stets in hohem Maße von der Qualität der Vertriebssteuerung in Ihrem Haus ab. Das hat sehr viel mit der Erfahrung sowie der organisatorischen und der sozialen Kompetenz des Vertriebschefs zu tun. Es macht daher wenig Sinn, einen Techniker mit dieser Aufgabe zu betrauen, dafür brauchen Sie einen (in Zweifelsfall teuren) Spezialisten, der zudem ein Team für sich beanspruchen wird.

Anders als die Steuerung des Vertriebs durch eigene Mitarbeiter können Sie hier nicht mit hierarchischer Unterwerfung rechnen, vom Franchise-System einmal abgesehen. Sie müssen auch damit rechnen, dass der Vertriebspartner Sie gegen Ihren Wettbewerber ausspielt, um die Einstandspreise zu Ihren Lasten zu drücken.

Eine typische Falle ist auch die „lineare" Umsatzplanung. Darunter versteht man die blauäugige Methode, den Verkaufserfolg des einen Partners auf den nächsten und auf das gesamte System hochzurechnen. Damit kommen Sie unweigerlich zu falschen Zahlen.

Denn es gilt das „Pareto-Prinzip": 20 Prozent der Händler machen 80 Prozent des Umsatzes. Der Rest speist Sie mit Ausreden ab, warum gerade bei ihm das Produkt nicht läuft. Sie werden diesen Rest früher oder später auswechseln müssen. Achten Sie darauf bei der Vertragsgestaltung!

Und verfallen Sie auch nicht dem Irrtum, vertraglich festgelegte Umsatzziele seien verbindlich.

Sie können Umsätze auch nicht zeitlich linear hochrechnen.

Erstens unterschätzt fast jedes Unternehmen den Zeitbedarf, bis der Händler das Produkt verstanden und den Umgang mit den potenziellen Kunden in den Griff bekommen hat. In dieser Phase ist er eher zurückhaltend bei den Empfehlungen. So kommen niedrige Schätzungen heraus, die Ihre Produktionsplanung negativ beeinflussen. Im schlimmsten Fall können Sie dann eine gute Marktentwicklung nicht nutzen.

Zweitens ist dem Händler sein Geschäft näher als das Ihre. Wenn er also investieren muss, um Ihr Produkt erfolgreich verkaufen zu können, in Vorführräume zum Beispiel, dann ist er bestrebt, die Kosten schnell hereinzuholen. Ist das geschafft, erlahmen die Anstrengungen schon einmal und der Umsatz sinkt auf den eigentlich normalen Level. Da müssen Sie ihn, Aufgabe des Vertriebschefs und vielleicht auch einer kleinen Außendienstmannschaft, immer wieder neu motivieren.

Es ist nicht ganz einfach, derartige Einflüsse zu akzeptieren und sich darauf einzustellen. Aber die normative Kraft des Faktischen beweist immer wieder, dass die Berücksichtigung des Pareto-Prinzips die einzig sichere Vorgehensweise ist. Schon deswegen, weil jede Fehlplanung, meist sind es die zu optimistisch ausgelegten, eine ernste Krise auslösen und sogar das Unternehmen in seiner Existenz gefährden kann.

Wenn Sie sich sowohl des direkten wie auch des indirekten Vertriebs bedienen wollen, sind die möglichen Interessenkonflikte zu bedenken. Eine klare Abgrenzung der direkt bedienten Kunden von den Kunden des Vertriebspartners, so zum Beispiel durch die Erstellung einer entsprechenden Liste, ist von Beginn an notwendig.

Zur Übersicht eine schematische Darstellung der Vor- und Nachteile des indirekten Vertriebs (Abb. 6):

Vorteile	Nachteile
Schnelle Expansion ohne proportionalen Aufbau eines eigenen Personalstamms	Schwieriger zu steuern als eine eigene Vertriebsorganisation
Leistungsschwache Vertriebspartner können problemlos gekündigt werden	Nur 20 % der Partner tragen 80 % der Umsätze; problematische Absatzplanung
Auch große Märkte können in kurzer Zeit abgedeckt werden	Manche Partner benutzen Ihre Marke, um Wettbewerbsprodukte zu verkaufen
Kooperative Marketingkampagnen zusammen mit den Vertriebspartnern verstärken den Markenauftritt	Ein Teil des Deckungsbeitrages geht an den Partner

Abb. 6: Vor- und Nachteile des indirekten Vertriebs

3.3
Preismodelle
Die Maxime der Transparenz

Ein sehr wichtiger und äußerst sensibler Faktor Ihrer Marketingstrategie ist das Preismodell. Es muss einfach und übersichtlich sein. Ihre Vertriebsmitarbeiter und vor allem Ihre Endkunden müssen es sofort verstehen und als fair akzeptieren. Je mehr Finessen es im Preismodell gibt, desto mehr Ärger ist vorprogrammiert.

Ein Beispiel dafür, wie viel Porzellan eine verfehlte Preispolitik zerschlagen kann, zeigt das Beispiel des amerikanischen Datenbankherstellers ORACLE. Im Sommer 2000 zog sich das Unternehmen eine Menge Anfeindungen und in der Folge einen massiven Vertrauensverlust bei Endkunden und Vertriebspartnern zu, als es ein neues Preismodell bekannt gab. Als Folge wurde ORACLE vorgeworfen, Großkunden bis zu 80 Prozent Rabatt zu geben. Andererseits benötigte mancher ORACLE-Partner bis zu einer Woche, um von der Zentrale eine verbindliche Preis-, sprich Rabattauskunft zu bekommen.

An diesem Beispiel lässt sich trefflich lernen, was man im Preismodell alles falsch machen kann: Es gab nämlich eine Vielzahl unterschiedlichster Bedingungen, die zur Preisfindung herangezogen wurden. So konnte es sein, dass ein Kunde für ein Update seiner Software kein Geld bezahlen musste, während andere Kunden dafür mit fünfstelligen Beträgen zur Kasse gebeten wurden. So etwas kann kein Fachhandelspartner seinem Kunden erklären. Wenn zwei Angebote, je nach individueller Interpretationsweise der Preisliste, weit unterschiedlich ausfallen, sind die Probleme programmiert.

Auch Microsoft geriet schon vielfach in die Kritik, weil sowohl die Preismodelle, als auch die Preise des Quasi-Monopolisten von zahlreichen Kunden nicht mehr akzeptiert wurden. Die Preismodelle von Microsoft sind ein wesentlicher Erfolgsfaktor für das kostenfreie Betriebssystem LINUX und die zahlreichen Anwendungen, die nach und nach auf Basis von LINUX entstehen. Kein Kunde lässt sich auf Dauer ausnehmen und auch noch schlecht behandeln. Das kann auch der Monopolist nur für gewisse Zeit.

Das Preismodell, sei es wie es wolle, muss stets klar, einfach und leicht erklärbar sein.

Der Umgang mit der freien Preisgestaltung

All business is local – natürlich die Preisfindung auch. Mögen Sie Ihr Produkt noch so genau kalkulieren und den Händlern noch so genau erklären, warum diese sich an Ihre Preisvorstellungen halten sollten – vor Ausreißern sind Sie nie sicher.

Denn auch der Wettbewerb ist lokal. Wenn ein Händler meint, Ihr Produkt preislich verreißen zu müssen, haben Sie (abgesehen vom Untereinstandspreisverkauf) keine Handhabe, das zu verhindern – außer, Sie verkaufen Autos. Aber auch diese Einschränkung fällt ja bald. Denn in der EU kann jeder Händler die Preise verlangen, die er für richtig erachtet. Wenn die Konkurrenz Schnäppchenpreise anbietet, schnappt sich der Vertriebspartner gerne Ihr Produkt, vor allem, wenn es attraktiv ist, und steigert seinerseits nach unten. Obwohl er das ja eigentlich nicht möchte. Geben Sie ihm daher einen Ausweg: Bündeln Sie Produkt und Dienstleistung darum herum zu einem Paket, für das er einen Gesamtpreis verlangen kann. Das hebt den Wert des Produkts und macht es weniger vergleichbar. Der Vertriebspartner kann nun auf den Hinweis, der Nachbar nehme weniger dafür, mit dem Hinweis auf die Zusatzleistung reagieren. In der Fachsprache heißt diese Strategie „Bundling".

Die tödliche Wirkung der Lockstrategien

Es ist ein gefährlicher Irrtum zu glauben, ein niedriger Preis beim Markteinstieg, vielleicht für ein noch nicht so perfektes Produkt und vielleicht sogar auch noch unter Selbstkosten, könne später drastisch nach oben korrigiert werden. Eher sorgen Rabatte für einen nachhaltigen Ertragsverfall.

Ein Beispiel für eine derartige Fehleinschätzung lieferte die Intershop AG, die ein Abwicklungsprogramm für Internet-Bestellungen anbot. Dieses Programm kostete ein paar Zehntausend Euro, je nach Anforderungen des Kunden. Auf jeden Fall lag der Preis im Schnitt unter 100.000 Euro. Das war aber viel zu wenig Geld, um die Kosten für das Unternehmen einzuspielen.

Also wurde ein neues Produkt entwickelt: „ENFINITY". Ein sehr leistungsfähiges Produkt, das sich direkt mit dem Warenwirtschaftssystem des Versandhändlers verknüpfen lässt: Die Bestellung wird automatisch bis hin zum Inkasso und der Nachbestellung verwaltet und durchgeführt. Es hat nur den einen Fehler: Es kostet eine halbe Million Dollar. Für eine einzige Version. Da das Programm bei Wartung aber abgeschaltet werden muss, und kein Internet-Händler sich das leisten möchte (bei bis zu 500 Bestellungen pro Stunde!) muss der Anwender zwei Versionen kaufen.

Hinzu kommen Tagessätze für Beratung, Implementierung und Schulung. Das ganze Projekt liegt schnell im siebenstelligen Euro-Bereich. Unternehmen, die sich so etwas leisten wollten, gab es nicht viele. Intershop stürzte dramatisch ab.

Sie sollten daraus die Lehre ziehen, dass Preis und Leistung zur Zielgruppe passen müssen. Um zu erfahren, was denn nun passt, brauchen Sie, wie vorne beschrieben, die Marktanalyse.

3.4
Werbe- und PR-Maßnahmen

Passive Werbeformen

Als passive Werbeform wird hier alle Werbung verstanden, bei der wir vom anvisierten potenziellen Endkunden nicht erfahren, wie er sich zu unserem Angebot stellt. Wir erfahren nicht einmal, ob er es überhaupt wahrgenommen hat. Ganz zu schweigen, ob es sein Interesse wecken konnte.

Passive Werbung tritt uns entgegen in Form von

- Anzeigen,
- Katalogen,
- Interaktiven CDs und DVDs,
- Produktvideos und
- Fernseh- beziehungsweise Rundfunkwerbung.

Die Reihenfolge der Nennungen entspricht ihrer Bedeutung in der Kommunikation für Investitionsgüter. Was ist bei dieser Art Werbung zu beachten?

Wirkmechanismen der Anzeigenwerbung

Aus zahlreichen Untersuchungen ist bekannt, dass die typische Anzeigenwerbung nur für 0,7 Sekunden wahrgenommen wird. Es gibt dazu eine Menge Forschungsergebnisse, die von Werbeagenturen herangezogen werden. Anzeigenwerbung gilt als recht teuer, wird aber im „Business-to-Business"-Verkauf von High-Tech-Gütern dennoch häufig genutzt.

Der typische Werbeträger ist die Fachzeitschrift. Mit dem Argument „da können Sie es sich nicht leisten, zu fehlen …", versuchen die Anzeigenakquisiteure, Sie als Kunden zu gewinnen.

Befragt man Leser von Fachzeitschriften, welche Anzeigen sie tatsächlich in Erinnerung behalten haben, dann erscheinen in den meisten Fällen zwei Antworten: Die Leser nehmen Anzeigen überwiegend dann wahr,

- wenn sie bei dem werbenden Unternehmen bereits Kunde sind und
- wenn in der Werbung eine Lösung für ein gerade aktuelles Problem angeboten wird.

Das bedeutet, dass Sie Ihr Geld auf den ersten Blick weitgehend in den Wind gestreut haben, daher der Fachbegriff „Streuverlust". Der ist gerade bei Fachzeitschriften enorm. Weshalb werben dort trotzdem so viele Unternehmen?

Die Bestätigungswirkung darf nicht unterschätzt werden. Meist sind Investoren oder die Mitglieder eines Entscheidergremiums, auch nach dem Kauf eines Produkts noch unsicher, ob sie richtig entschieden haben. In der Psychologie wird dieses Phänomen unter dem Fachbegriff „Kognitive Dissonanz" beschrieben. Daher wird jedes positive, die Entscheidung bestätigendes Signal dankbar aufgegriffen. Bei Investitionsgütern mit hoher Wiederbeschaffungs- oder Erweiterungsfrequenz (zum Beispiel Updates oder Wartungsverträge) kann die positive Einstimmung auf diese Weise bis zur nächsten Anschaffung gehalten werden. In diesem Fall ist die Anzeigenwerbung ein Teil der Kundenbindung.

Unternehmen werben in Fachzeitschriften, weil sie den *unterschwelligen Effekt des Imagegewinns* brauchen. Je nach Motiv signalisieren sie zum Beispiel menschliche Nähe und Sympathie – dann bereichern plötzlich Landschaftsbilder und Tiere die Anzeigen. Oder die Unternehmen möchten Kompetenz signalisieren – dann sind die Anzeigen nicht selten überfrachtet mit technischen Details.

Ein weiterer Grund für Anzeigen in Fachzeitschriften ist der Versuch, *Branchenereignisse für sich zu instrumentalisieren*, zum Beispiel Messen. Dann versucht das Unternehmen, die Leser zum Besuch auf seinem Stand zu animieren, nicht selten mit Gutscheinen für Sonderpreise oder der Teilnahme an einem Preisausschreiben. Bei solcher Motivation ist die Anzeigenkampagne nicht selten mit aktiven Werbeformen verknüpft.

Nicht zu unterschätzen auch die *indirekte Wirkung*, nämlich die auf den Verlag und auf die Redaktion. Die Presse sollte zwar unabhängig sein, aber das ist nur eine schöne Illusion. In Wirklichkeit richtet sich vielerorts, besonders bei den Fachzeitschriften, die Berichterstattung nach dem Anzeigenaufkommen. Wer häufiger inseriert, hat größere Chancen, bei der Redaktion mit dem Wunsch nach einer Berücksichtigung der Presstexte durchzudringen als ein Unternehmer, den die Journalisten nicht kennen. Das ist in gewissem Sinne auch verständlich. Denn kein Redakteur ist in der Lage, den Wahrheitsgehalt der meist euphorischen Texte zu überprüfen. Da vertraut er lieber dem bekannten Namen.

Im Übrigen: Ohne Anzeigen keine Fachpresse, ohne Fachpresse kein kostengünstiger Informationstransfer. Die Alternative wären teure Kongressreisen, noch mehr Messebesuche und das Ausgeliefertsein an die Informationen der Verkäufer.

Der Erfolg der Anzeigenwerbung

kann allerdings selbst unter günstigen Umständen nur recht mühsam kontrolliert werden. Es gibt natürlich den Versuch, per Rückantwort-Postkarte, Coupon oder über eine besondere Telefonnummer für Rückrufe die Informationsquelle, die den Anstoß für die Kontaktnahme gab, herauszufinden. So erhalten Coupons häufig eine winzig klein gedruckte Kennziffer, um das Medium, in dem die entsprechende Anzeige geschaltet wurde, zu identifizieren.

Wer dem Leser eine telefonische Kontaktnahme anbietet, sorgt oft dafür, dass die Endziffer in der Telefonnummer ausschließlich für die Reaktion auf die Anzeige in einer bestimmten Zeitschrift reserviert ist.

Diese Erfolgskontrolle bringt jedoch nicht viel ein. Ihr Ziel ist zwar, die Platzierung im Laufe der Zeit so zu verbessern, dass die Anzeigen mit höherer Wahrscheinlichkeit eine aufnahmebereite Leserschaft finden. Wer aber weiß, dass die Reaktionsquoten bei derartigen halb-aktiven Werbeformen maximal zwei Prozent beträgt, der kann sich vorstellen, dass bei einer Leserschaft von vielleicht insgesamt 10.000 Nutzern zweier Fachtitel ein Rücklauf von zum Beispiel 120 Interessenten aus der einen Zeitschrift und 80 aus der anderen nicht viel Aussagekraft enthält. Denn die Aktivierbarkeit der Leser hängt von unüberschaubar vielen Einflussgrößen ab – vom aktuellen redaktionellen Inhalt über die Interessenlage der Leser bis hin zur Jahreszeit: In welcher Branche häufen sich gerade die Werksferien?

Manchmal wird versucht, den Couponrücklauf mit Gewinnspielen zu steigern. Man kennt das aus den Publikumszeitschriften. Es hat sich aber herausgestellt, dass gewerbliche Abnehmer hierzulande von solchen Aktionen nahezu nichts halten.

Beilagen

wirken wie Anzeigen, nur muss man aufpassen, dass in einer Zeitschrift nicht zu viele davon mitgeschleppt werden. Dann wächst nämlich der Impuls, diese oft als lästig empfundene Werbung sofort zu entsorgen, meist macht das die Sekretärin von sich aus.

Beilagen haben jedoch den Kostenvorteil auf ihrer Seite. In der Regel kommt eine doppelseitige Anzeige teurer als eine vierseitige Beilage.

Fazit: Wer Anzeigen schalten will, der sollte das erst nach sorgfältiger Zielanalyse und einem preisgünstigen Probelauf tun. Es bedeutet Verschwendung, diese Art von Werbung nur zu betreiben, weil es andere auch tun. Die besten Voraussetzungen für sinnvolle Anzeigenwerbung sind: gut gepolsterter Etat, breites Fachpublikum und aussagekräftige PR-Texte.

Kataloge, Produktbeschreibungen

Kataloge sind im Marketing für Investitionsgüter ein wichtiges, in vielen Fällen sogar das wichtigste Instrument. Das hat vielerlei Gründe:

Die Anmutungswirkung. Ein gut gemachter Katalog signalisiert Kompetenz und erweckt Vertrauen sowie Sympathie.

1. Die Informationsdichte. Der Kunde findet alle technischen Daten, die ihn interessieren.
2. Der Rationalisierungseffekt. Durch den Katalog vorinformiert, braucht es nur noch einen kurzen Anruf beim technischen Kundendienst, weiter interessierende Fakten abzufragen. Auch der Besuch eines Verkäufers lässt sich somit verkürzen und auf das Wesentliche konzentrieren.
3. Der Verweisungseffekt. Ist der Katalog umfangreich und umfassend, bereitet er Anschlussverkäufe vor. Der Kunde entdeckt Features, die er früher oder später auch einsetzen möchte. In der Regel bringen Verkäufer bei der Verhandlung über den Kauf des Hauptprodukts ja kaum diese Features zur Sprache, weil sie fürchten, den Kunden zu überfordern.
4. Die Erklärungsstärke. Im Katalog lassen sich komplexe Produkteigenschaften leicht fasslich darstellen. Ohne Produktbeschreibungen, im Katalog oder als Einzeldarstellung, ließen sich zum Beispiel keine Software-Lösungen verkaufen. Das Prinzip, „... was du schwarz auf weiß besitzt", also der hohe Vertrauenswert alles Gedruckten, gilt auch hier unbeschränkt.
5. Die Präsenz. Kataloge, sobald sie dem Papierkorb einmal entronnen sind, sind immer da. Man leitet sie hausintern weiter, stellt sie ins Regal. Vielleicht werden sie vergessen, tauchen aber dann nach einiger Zeit wieder auf. Ein ansprechend gemachter, interessanter Prospekt oder Katalog haben eine gute Chance, beim potenziellen Kunden für längere Zeit zu überleben. Er gehört zum Haus, zur Firmentradition. Manchmal erreicht er sogar Kult-Status.

Andererseits: Der Kunde besteht auf den im Katalog ausgelobten Produktleistungen und, wenn er abgedruckt wird, auf den Preis. Er kann sogar beweisen, welche

Leistung und Preis ihm versprochen wurden. Das macht Produkt- und Preispolitik tendenziell unflexibel. Oder eine Änderung wird teuer. Denn in einem solchen Fall muss ein gänzlich neuer Katalog aufgelegt werden. Ergänzungsblätter funktionieren nur, wenn es sich um eine Loseblattsammlung handelt – und auch dann nur notdürftig. Der Hinweis, man behalte sich Produkt- und Preisänderungen vor, ist sicher zwingend notwendig, wirkt aber auch als Hinweis auf eine gewisse Instabilität. Sie sollten die Verwendung dieser Generalabsolution nicht übertreiben.

Was macht einen guten Katalog aus?

Es ist eine Geschmacksfrage und hängt auch von den Kosten sowie der Handlichkeit ab, ob ein Katalog das Gesamtangebot des Unternehmens darstellen soll oder nur ein Segment.

Wer in einem Unternehmen nur wenige Ansprechpartner hat, kommt sicher mit einem Gesamtkatalog aus, den dann jeder der Geschäftspartner erhält.

Handelt es sich um einen Kunden mit stark dezentralisierter Einkaufsentscheidung, macht es bei einem großen Sortiment eher Sinn, den jeweiligen Ansprechpartnern Segmentkataloge zur Verfügung zu stellen. Möglicherweise sind diese dann so konzipiert, dass Zentralabteilungen (Controlling, Rechnungskontrolle) eine Gesamtzusammenfassung erhalten. Wenn diese nicht ohnehin auf eine kompletten Datensatz zur Einspeisung in die Datenbanken bestehen.

Segmentkataloge sind auch dann die Mittel der Wahl, wenn Ihr Unternehmen innovationsfreudig ist. Dann spart die Neuauflage nur des Segments einiges an Kosten. Wichtiger aber als die Frage nach Segment- oder Gesamtkatalogen ist die Beachtung *gestalterischer Grundregeln*. Drei Merksätze:

1. Machen Sie Ihren Katalog so übersichtlich wie möglich. Das heißt: Produktgruppen müssen einen logischen Bezug haben, das Gesamtangebot muss sich darstellen wie aus einem Guss. Sonst haben Sie schnell das Image eines Gemischtwarenladens – und dort, das weiß der Kunde, lässt sich bei ausreichender Hartnäckigkeit immer der Preis drücken.
2. Machen Sie den Katalog sympathisch. Innen wie außen. Lassen Sie in die Gestaltung das Image Ihres Hauses einfließen. Zum Beispiel die Werte „traditionell" oder „modern", „offensiv" oder „bewährt". Da es schwierig ist, derartige weiche Faktoren in Gestaltungsformen zu übersetzen, versuchen Sie es lieber nicht selbst. Selbst dann nicht, wenn Sie Grafik studiert haben – es fließt zuviel Selbsttäuschung ein. Engagieren Sie einen externen Grafiker.
3. Glauben Sie nicht, die Arbeit am Katalog beanspruche Sie höchstens einmal im Jahr für ein paar Wochen. Ein Katalog hält Sie permanent in Trab. Manche Unternehmen unterhalten für dessen Gestaltung und Pflege eine komplette Abteilung.

Interaktive CDs, DVD

Die elektronische Variante des Katalogs. Diese Werbeträger ersetzen aus Kostengründen zunehmend Kataloge und Produktbeschreibungen. Sie lassen sich leicht mit Bestellmöglichkeiten im Internet kombinieren. Der Kunde kann sogar Katalogaktualisierungen über das Netz beziehen.

Produktanimationen

Je nach Produkt und dessen Anwendungen kann eine filmische Darstellung viel mehr aussagen, als eine noch so gute Beschreibung. Sie können Nutzen und Anwendung haarklein bis ins letzte Detail erläutern. Und es lassen sich viele Imagefaktoren einbauen.

Allerdings müssen Sie sicher sein, dass der Kunde sich auch die Zeit nimmt, den Film zu betrachten. Wenn er dafür extra eine Vorführung im Präsentationsraum seiner Firma buchen muss, ist diese Wahrscheinlichkeit eher gering.

Daher ist es besser, Produktanimationen in einer PC-gängigen Version herzustellen. Bedenken Sie dabei, dass nicht jeder Kunde stets über die modernste PC-Technik verfügt. Abspielgeräte für CD-Roms sind als Speichermedium inzwischen schon Standard, nicht aber DVD-Leser.

Seien Sie sensibel, denn kein Kunde möchte sich als technisch rückständig erleben, vor allem nicht, wenn er technische Güter herstellt. Und er möchte sich auch nicht gerne von Lieferanten überholt sehen.

Fernseh- und Rundfunkwerbung

Diese Werbeform kommt im „Business-to-Business"-Verkauf so gut wie gar nicht vor. Fernsehauftritte gibt es – ausnahmsweise – als PR-Maßnahme, zum Beispiel in Spartensendern wie n-tv. Sie machen Sinn, wenn ein breites Publikum von der Leistung eines Unternehmens überzeugt werden muss. Bei den Herstellern von Investitionsgütern ist das aber nur dann der Fall, wenn es sich bei den Ansprechpartnern um bestehende oder potenzielle Aktionäre handelt.

Aktive Werbeformen, Dialogmarketing

Unter aktiven Werbeformen verstehen wir jede Kundenansprache, die mit einer Rückmeldung verbunden ist. Die Rückmeldung kann durch einen Coupon, ein Rückfax oder direkt durch einen Kontakt am Telefon erfolgen. Typische Formen des Dialogmarketings sind:

Mailings

Der Klassiker. Diese Technik der Direktansprache entwickelte sich in den 70-er Jahren zunächst im Bereich des Konsumgütermarketings. Die Kunst der Direktwerber besteht darin, eine möglichst hohe Antwortquote (Response) zu erreichen. Im Konsumgüterbereich erreicht man das durch eine nahezu unendliche Vielfalt von Verlosungen. Da wird gerubbelt, Lose fallen aus Werbebriefen – und jeder, der mitmacht, gewinnt. Zumindest eine erhöhte Gewinnchance, die zu realisieren eine Antwort voraussetzt. Da aber liegt die Hürde – maximal drei Prozent der Angesprochenen macht mit, und nicht immer sind es die Kaufkräftigsten.

Trotzdem bringt diese Art der Werbung ausreichend Umsatz, um ganze Konzerne zu finanzieren – denken Sie nur an die großen Versandhäuser.

Im „Business-to-Business"-Vertrieb von High-Tech-Gütern geht es ebenfalls um hohe Antwortquoten, aber um andere Ansprechmethoden. In der nahezu unüberschaubaren Literatur, die sich mit diesem Thema befasst, haben sich einige Erfolgsfaktoren herauskristallisiert, die hier in Kurzform abgehandelt werden:

1. Die Adressqualität,
2. Die Dialogeröffnung,
3. Die Gestaltung von Brief und Antwortmöglichkeit sowie
4. Die Anreizelemente.

Erfolgsfaktor Adressqualität. Oder: Lassen Sie sich nicht ins Nirwana schicken

Die meisten Mailings scheitern auf den ersten drei Metern: Die Adressen sind schlicht und einfach zu schlecht. Es ist auch wirklich übel, was so übers Jahr hinweg geboten wird. Meine Frau, Geschäftsführerin einer GmbH, erhält regelmäßig Briefe mit der Anrede: „Sehr geehrter Herr Klein". Die Versender kennen für Geschäftsführer wohl nur eine Geschlechtsbezeichnung. So hat das Mailing keine Chance, überhaupt gelesen zu werden.

Genau so verheerend ist die Wirkung von Anredeformeln wie „Sehr geehrter Herr Robert Waldemar Ludwig Müller". Dem guten Robert Müller ist es ohnehin etwas peinlich, mit einem in seinen Augen derart altertümlichen zweiten und dritten Vornamen geschlagen zu sein (mit der Bitte um Vergebung an alle Waldemars und Ludwigs). Mit denen will er aber keineswegs angeredet werden, selbst, wenn in den Handelsregistereinträgen nun einmal alle Vornamen enthalten sind. So geraten sie in die von den Adressverlagen gelieferte Datei und von dort ohne weitere Prüfung auf den Adressaufkleber.

Das sind aber nur die harmloseren Fälle von Adressenschrott, wie ihn die einschlägigen Verlage liefern. So ändern sich jährlich bei bis zu 15 Prozent der Unternehmen die Adresse und/oder Telefonnummer, ohne dass die Adressverlage eine zeitnahe Korrektur vornehmen. So müssen Sie mit einer entsprechenden Irrläuferquote rechnen, trotzdem die Post alles Mögliche versucht, Ihren Brief doch noch zuzustellen. Sie erhalten, wenn Sie das nicht gesondert bezahlen (und welcher Postangestellte, der Ihre Werbebriefe annimmt, macht Sie schon auf die Möglichkeit aufmerksam?), keinen Hinweis auf Umzug und neue Adresse.

Sichern Sie sich also die Qualifizierung des Adressmaterials, eine Leistung, die in unserem Haus jeder Dialogmarketingkampagne vorausgeht.

Erfolgsfaktor Dialogeröffnung. Oder: Namen sind unantastbar und Tricksereien werden bestraft.

Lassen Sie mich versichern: Ihr Ansprechpartner legt genauso großen Wert darauf, korrekt angesprochen zu werden wie Sie. Die korrekte Schreibweise des Namens, des Titels, des Vornamens, und die genaue Abteilungsbezeichnung sind Voraussetzungen, damit Ihr Brief überhaupt geöffnet wird. In vielen Vorzimmern bestehen entsprechend klare Sortieranweisungen.

Es gibt Leute, die meinen, ihren Ansprechpartner austricksen zu können. Die schreiben auf einen Briefumschlag „persönlich/vertraulich", obwohl sich darin nicht mehr verbirgt als die banale Einladung zu einem Messebesuch. Wenn Ihr Ansprechpartner einen solchen Brief wegen Ihres Vermerkes persönlich öffnen muss, nur um dann festzustellen, dass er mit Werbung „belästigt" wird – dann viel Spaß beim Folgetelefonat! Vermeiden Sie also solche Tricksereien!

Übrigens: Auch Lügen und Halbwahrheiten sind Tricksereien. Teure, wenn Ihr Kunde sich einen guten Anwalt leisten kann. Und verheerende, weil sich Unlauterkeit in jeder Branche schnell herumspricht.

Tipp: Legen Sie größten Wert auf korrekten Namen und richtige Anrede Ihres Ansprechpartners. Testen Sie beim Kauf von Adressen zunächst mit einer kleinen Menge von individualisierten Briefen, welche Qualität Sie gekauft haben. Lassen Sie sich zuerst 100 Adressen liefern und kaufen Sie nur dann den Rest nach, wenn die Fehlerquote unter 5 Prozent liegt.

Erfolgsfaktor Gestaltung. Oder: Einfachheit siegt.

In der Regel umfasst ein Mailing im Business-to-Business-Marketing ein kurzes Anschreiben, eine Rückantwortmöglichkeit (Bestellpostkarte, -faxformular, Aufforderung zum Anruf oder zum Kontakt übers Internet) sowie Informationsmaterial. Der Empfänger schaut entweder zuerst auf die Infobeilage („um was geht´s denn hier?") oder auf das Rückfax („was wollen die mir denn verkaufen?").

Das Anschreiben wird nur in Ausnahmefällen gelesen. Wenn Sie es sehr umfangreich gestalten, können Sie ziemlich sicher sein, dass es überhaupt nicht gelesen wird. Es gibt allerdings auch Ausnahmen, wenn ein Mailing sehr gut getextet ist und das Angebot „zieht".

Ihr Mailing hat also nur eine Chance, wenn es interessant ausschaut. Es gibt ein paar einfache Gestaltungsregeln, die helfen, die Erfolgschancen zu verbessern. Es geht im Prinzip nur darum, die Kernbotschaften Ihres Mailings schnell „herüber zu bringen". Der Kunde soll sofort und mühelos erkennen, welchen Vorteil Ihr Produkt bietet.

- Beginnen Sie das Anschreiben mit einer *sehr klaren Betreffzeile*, fett gedruckt, die in einem Satz sagt, worum es geht.
- Setzen Sie an wirklich wichtigen Stellen *Unterstreichungen* und *farbige Heraushebungen*. Gehen Sie aber sparsam damit um, sonst wird das Ganze wieder unübersichtlich.
- Schreiben Sie ein P.S., ein *Post Scriptum*. So seltsam es klingt: Das P.S. ist der am aufmerksamsten gelesene Teil im Anschreiben. Haben Sie jemals eins ohne P.S. gesehen?

Bei der Wahl und der Gestaltung der *Rückantwortmöglichkeit* müssen Sie unterscheiden, was Sie erreichen wollen – Kontaktanbahnung oder Verkauf. Im Business to Business ist ein Spontankauf nach einem Mailing eher ungewöhnlich. Es sei denn, ein Anbieter offeriert derart günstige Verbrauchsgüter wie Papier oder Kugelschreiber, dass man einfach kaufen muss.

Aber auch das ist eher eine Kontaktaufnahme. Denn der Kauf des günstigen Papiers führt zur Übernahme Ihrer Adresse in der Datenbank des Anbieters, worauf Sie kurze Zeit später der Hauptkatalog erreicht. In dem stehen dann die wirklich spannenden und auch ein wenig teureren Angebote. Wie Fotokopierer und Büromöbel.

Aber auch da geht es eher um Massenware, über die sich ein Techniker keinen Kopf zerbrechen muss. Er will mit Leuten verhandeln, die ihm helfen, ein Problem zu lösen – und die sollen herkommen. Allenfalls ist er bereit, sich in der Vorphase weiterführendes Material zu bestellen. Er ist auch bereit, Sie anzurufen oder Ihre Internet-Homepage zu besuchen. Also zielen Sie exakt darauf ab.

Mit der Postkarte. Gestalten Sie diese einfach. Drei Wahlmöglichkeiten genügen:

- „Schicken Sie mir Material über die Maschine XYZ."
- „Rufen Sie mich in der Zeit von/bis an."
- „Bin zurzeit nicht interessiert, möchte aber gerne weiter von Ihnen informiert werden."

In der Regel steht auf diesen Karten auch noch eine Antwortfloskel wie „Ja, ich bin an Ihrem Angebot interessiert und möchte weiter informiert werden." Vermeiden Sie hier die in der Werbung für Konsumgüter üblichen Übertreibungen wie „Ja, ich möchte Ihr sensationelles Angebot gleich testen und bestelle …". Das nervt selbst den Neugierigsten.

Eine Widerrufsbelehrung können Sie sich, da im Business to Business-Bereich, sparen. Die Überlegung, ob Sie um Frankierung bitten oder „Porto zahlt Empfänger" auf die Karte drucken, ist müßig. Über derartige Kosten wird nicht nachgedacht.

Erfolgsfaktor Anreizelemente. Oder: Die segensreiche Wirkung des Spieltriebs.

Werbebriefe sind im Prinzip lästig. Nicht, weil das, was da angeboten wird, nicht interessiert. Sondern weil es so viele sind und weil man seine Zeit lieber den aktuellen Aufgaben zuwenden möchte. Also wird der Papierkorb zum wesentlichen Element der morgendlichen Postbearbeitung. Dort landen besonders jene Briefe, die ausschließlich den Verstand ansprechen. Es gibt in der Werbung eine eherne Regel: Wer nicht Gefühl neben den Verstand setzt, dringt nicht durch.

Wie aber bringt man in einen Brief, der zum Beispiel Siebfilze anbieten soll, Gefühle? Durch Spielzeug. In der Tat: durch Spielzeug. Das wird meist teuer, macht Sie aber auch interessant. Selbst beim Controller, wenn's denn sein muss.

Der Fachbegriff heißt: *3D-Mailing.* Dreidimensionale Mailings. Es enthält neben dem üblichen Anschreiben und der Produktbeschreibung sowie dem Rückantwortformular ein Geschenk. Etwas, was die Botschaft des Briefes anfassbar macht. Nichts so besonders Wertvolles, das röche nach unzulässiger Zuwendung und müsste von Ihnen oder vom Empfänger auch noch versteuert werden. Sondern etwas Pfiffiges und zugleich, das ist der Königsweg, Begehrenswertes. Die Spezialisten nennen ein solches Geschenk einen „Gimmick".

In der Fachliteratur wird intensiv darüber diskutiert, ob das originelle Gimmick auch eine originelle oder zumindest auffällige Verpackung braucht. Nach unserer Erfahrung: eher nicht. Schon wegen der Kosten nicht. Denn allein das Stanzwerkzeug für die Fertigung der Packung kann Sie schnell 5.000 Euro kosten. Geben Sie das Geld lieber für die Optimierung der Idee aus. Oder für eine dazu passende Telefonmarketingaktion.

Manchmal wird an das Gimmick noch ein Preisausschreiben angehängt. So können Sie jemandem, dem Sie ein Tau schicken, weil alle an einem Strang ziehen müssen, anbieten, dessen anderes Ende auf einer Segelyacht zu finden. Nämlich auf jener, auf der er seinen Reisegewinn („14 Tage Karibik-Kreuzfahrt") abfeiern darf.

Wozu lassen sich 3D-Mailings besonders gut einsetzen?

- Für die Aktivierung. Der Gesprächspartner soll den inneren Schweinehund überwinden und sich zu einem Event, einer Messe oder einer Veranstaltung Ihres Unternehmens begeben. Da zeigt ein gut gemachtes Gimmick, dass ihm nicht nur Anstrengendes, sondern auch Sympathisches widerfahren wird.
- Für die Prioritätensetzung. Dann soll der Kunde seinen Messebesuch auf die Visite beim Absender konzentrieren.
- Die Produktidee und deren Kernnutzen merkfähig machen. Erinnerungen werden am besten durch haptische (Tastsinn), optische und olfaktorische (Geruchssinn) Signale im Gedächtnis verankert. Da es nur in Ausnahmefällen Sinn macht, ein Gimmick zu parfümieren, müssen die anderen Sinnesreize ausreichen. Beispiele: Wenn Ihr Kunde mit Ihrem Angebot Geld sparen kann, dann bekommt er einen Rotstift (zum Sparen). Wenn er mit Ihrer Vertriebssoftware seine Kunden besser binden kann, erhält er Kette und Vorhängeschloss. Sie können Ihre Ideen auch in Schokolade gießen lassen oder Sonnenblumensamen verschicken („lassen Sie unsere Geschäftsbeziehung wachsen").
- Anknüpfungspunkte für Gespräche schaffen. Gimmicks erleichtern die Gesprächseinleitung: „In der letzten Woche habe ich Ihnen einen Rotstift geschickt ..."

Worauf ist beim Einsatz von 3 D-Mailings zu achten?

1. *Die Kosten-/Nutzenrelation*
Diese Werbeform ist aufwendig. Folglich eignet sie sich nur für eine sehr gezielte Ansprache und auch nur dann, wenn Sie sicher sind, dass die angesprochenen Personen potenzielle Käufer sind oder eine entsprechende Entscheidung maßgeblich beeinflussen. Das verlangt eine exakte Planung.

Halten Sie die Zielgruppe so klein wie möglich. Sprechen Sie daher nur die wirklich relevanten Entscheider an; also jene, die die Vorarbeit des Einkaufsgremiums am Schluss abnicken.

2. *Die Geschmacksaffinität*
Wenn sie Pech haben, liegen Sie mit dem Gimmick sauber daneben. 3 D-Mailings müssen exakt den Nagel auf den Kopf treffen. Manche Adressaten ziehen

ein Geschenk mit praktischem Wert vor, andere sind eher von einer nutzlosen, dafür umso kreativeren Idee angetan. Denken Sie daran, dass mit dem Geschenk nicht nur die zu visualisierende Idee, sondern auch Ihre Geschmacksicherheit auf dem Prüfstand steht.

Aus unserer Arbeit:
Mit dem Tau Fachhändler binden

Aufgabenstellung war es, als Vertriebspartner für einen Büromaschinenanbieter Fachhändler neu zu akquirieren. Die Branche kämpft um jeden leistungsfähigen Unternehmer.

Die Aktion wurde unter das Motto „an einem Strang ziehen" gestellt. Jeder potenzielle Partner wurde zunächst telefonisch kontaktiert, um die Voraussetzungen abzuklären, die ein Fachhändler mitzubringen hat. Außerdem wurde ermittelt, ob an einer Partnerschaft Interesse bestand. Alle Interessenten erhielten eine Sendung mit einem Stück Bergsteigerseil und wurden zum Event (mit Tauziehen) eingeladen. Gewinne waren Reisen und Sachpreise.

In der darauf folgenden eineinhalbtägigen Veranstaltung konnten aus den so gewonnenen 40 Bewerbern insgesamt acht Fachhändler ausgewählt werden, die sich fast durchweg mittelfristig besser als 80:20 bewährt haben. Mit 80:20 wird die übliche Effizienz einer Händlerorganisation beschrieben: 80 Prozent des Umsatzes wird von 20 Prozent des Partnerstamms erwirtschaftet. Die mit dieser Aktion geworbenen Händler erbrachten ein wesentlich ausgeglicheneres Verhältnis, was auf die Dauer eine bessere Ausschöpfung des Potenzials bedeutet.

Mit Tee und Fußbad die Messequal lindern

Das ist inzwischen ein echter Klassiker. Die zur Messe eingeladenen Bestandskunden erhielten einen Brief mit einem Beutel Wellness-Tee (gegen Kopfschmerz) und einem Fußbad (gegen wunde Füße) zusammen mit der Empfehlung, sich weder Kopfschmerz noch schmerzende Füße einzuhandeln, sondern direkt zum Messestand unseres Kunden zu kommen.

Dieses Mailing wird immer noch eingesetzt, hat sich aber inzwischen etwas abgenutzt, weil es zu viele Nachahmer gefunden hat.

Knacken Sie den Tresor" – mit dem Spieltrieb die Laufrichtung beeinflussen

Auch eine Messeaktion, die sehr gut angenommen wurde. Ziel war es, sicherzustellen, dass bestimmte Personen, die man zuvor mittels einer vorausgegangenen Telefonaktion auf den Messestand eingeladen hatte, dort auch wirklich ankommen und sich als Gesprächspartner zu erkennen geben. Die praktische Erfahrung zeigt ja, dass die Hälfte selbst fest vereinbarter Messetermine nicht wahrgenommen wird.

Der Kunde wurde eingeladen, mit einer vierstelligen Zahlenkombination einen von drei Tresoren, die auf dem Messestand aufgestellt waren, zu knacken. Jede eingeladene Person hat eine richtige Kombination für einen der Tresore. Die Kombination stimmte immer nur für genau einen Tresor. Darin fand der Besucher ein kleines aber hochwertig anmutendes Geschenk. Die Zahlenkombination hatte er einige Tage vor Messebeginn auf einer Plastikkarte per Post erhalten. Auf diese Weise konnten wir die Realisierungsquote für die abgesprochenen Besuchstermine auf 85 Prozent steigern. Da alle auf diese Weise akquirierten Besucher echte Wunschkunden waren, lohnte sich der Aufwand auch nachhaltig.

Mit dem Automodell die Mauer um die Vorstandsbüros einreißen

Vorstände ans Telefon zu bekommen, ist so gut wie unmöglich. Wie kommt man mit dieser Zielgruppe trotzdem in den Dialog? Mit Luxusauto-Miniaturen. Jeder Vorstandsvorsitzende oder Geschäftsführer aus der für unseren Kunden wichtigen Branche erhielt ein großes, besonders schönes Metallmodell eines Mercedes 300 SL (der historische 300 SL) zusammen mit einem dicken Ordner Infomaterial übersandt. Vorher hatten wir in jedem Einzelfall mit seiner Assistentin gesprochen (es sind fast immer Damen) und ausführlich erläutert, was wir verschicken und was wir damit erreichen wollten. Unsere Sendung wurde also bereits erwartet (schon wegen der internen Security-Richtlinien erforderlich).

Nach der Aktion wollten wir natürlich wissen, wie unsere Idee angekommen war und riefen die Assistentinnen noch einmal an. Wir erfuhren in jedem einzelnen Fall, wie der Chef entschieden hatte. Nämlich fast durchweg so, dass die Unterlagen an einen Kollegen im Vorstand oder einen Hauptabteilungsleiter gegangen waren. Der 300 SL blieb fast immer beim Chef.

Aus diesen Kontakten entstanden über 5 Millionen Euro Produktumsatz.

3. Die Ergebnisoptimierung
- Schon um Peinlichkeiten zu vermeiden und auch wegen der Kostenminimierung sollte das 3D-Mailing zunächst mit einer kleinen Zahl von Aussendungen getestet werden. Dann können Sie eventuelle Schwachstellen noch korrigieren.
- Zudem wirken 3 D-Mailings dann besonders intensiv, wenn sie mehrstufig angelegt sind. So können Sie zum Beispiel in schneller Frequenz eine Art Puzzle versenden, das am Schluss ein formschönes Objekt ergibt, vielleicht die Miniatur Ihrer Maschine.
- Die volle Wirkung entfaltet ein 3D-Mailing als Teil einer integrierten Kampagne. Das ist die bei NetWorks bevorzugte Arbeitsweise, mit der wir schöne Erfolge verbuchen können. Dabei werden 3D-Mailing, Folgemailings, Telefonarbeit, Internetauftritt und Events exakt aufeinander abgestimmt. Diese Marktansprache bietet erstklassigen Response. Als besonders wirkungsvoll hat sich zum Beispiel herausgestellt, die 3 D-Aktion in Nachfolgemailings noch einmal abzubilden. Damit steigern Sie den Erinnerungswert massiv.

E-Mail-Marketing, E-Mail-Newsletter

In den letzten beiden Jahren hat E-Mail-Marketing auch in Deutschland immer mehr an Bedeutung gewonnen. Die Vorteile:

- E-Mail-Werbung ist ausgesprochen kostengünstig und schnell;
- Die Sendung kann attraktiv gestaltet werden, kann interaktiv sein, sich bewegen, kann Töne und Videosequenzen transportieren;
- Wenn eine E-Mail nicht zustellbar ist, erfolgt die Rückmeldung kurzfristig und automatisch durch den Server des Empfängers;
- Es können Anlagen oder ein Link auf einen Webserver beigefügt werden. Man kann den Kunden so auf ein Webportal führen und damit auf weitere Angebote und Informationen, die man ihm gerne vorstellen möchte;
- Der Adressat kann sofort reagieren: einfach mit einem Klick auf den „Antwort-Button;
- Die Response-Rate ist sofort messbar. Sie beträgt typischer Weise zwei bis drei Prozent.

Wie überall, so gibt es auch hier Haken. Die wichtigsten:

- Rechtliche Unsicherheit. Die Rechtsprechung ist im Fluss. Die Situation ist derzeit so, dass der Adressat einem unverlangten E-Mail vorab zugestimmt haben muss. Das ist zum Beispiel im Rahmen eines vorausgegangenen Telefonates möglich. Man spricht in diesem Kontext von „Permission-Marketing".
- Links statt Anlagen. Die Erfahrung zeigt auch, dass sich Anlagen bei der E-Mail-Werbung weniger empfehlen, als Verweise („Links") auf weitere Webseiten, die für den Kunden von Interesse sein könnten.
- Zweifelhafte Akzeptanz. Einige Empfänger reagieren ruppig, wenn sie eine E-Mail erhalten, deren Absender sie nicht sofort zuordnen können. Wenn sie diese nicht sowieso sofort löschen (wegen der Virengefahr in „Spams") geben sie zum Teil „blöde" Antworten.
- Eingeschränkte Lesebereitschaft. Wer mit E-Mail-Werbung oder E-Mail-Newslettern erfolgreich arbeiten möchte, muss zudem der Versuchung widerstehen, zu viel in eine Sendung zu packen. Die meisten Newsletter sind zu umfangreich, weswegen sie nicht gelesen werden.

Unserer Erfahrung nach empfiehlt es sich, diese Regeln einzuhalten. Außerdem sollte man an einer gut sichtbaren Stelle die Möglichkeit zum Abbestellen der Info-E-Mails anbieten.

Um zu erkennen, ob Sie Ihre Zielgruppe treffen, nutzen Sie das Internet doch so, wie es ursprünglich konzipiert wurde: Als schnelles, interaktives Medium. Fragen Sie Ihre Leser, was diese von Ihrer Internet-Kommunikation halten.

Wenn Ihre Zielgruppe umfangreich ist, lohnt sich dafür die Anschaffung eines Programms speziell für die Durchführung von Meinungsbefragungen im Netz. Sie finden es entweder im Netz selbst, wo Sie es direkt herunterladen können oder beim Softwarespezialhandel.

Telefonmarketing

Auch hier ist die Bandbreite an Möglichkeiten groß. In der Regel wird man auf spezialisierte Agenturen zurückgreifen – wie aber die finden? Es gibt zwar 3.600 Telefonmarketingagenturen in Deutschland, nur arbeiten diese vorwiegend für die

Konsumgüterindustrie oder Dienstleistungsunternehmen, die sich direkt an Endverbraucher wenden.

Das Hauptproblem ist die Akquisition des geeigneten Personals. Denn wer am Telefon technische Güter verkaufen will, muss mit der teilweise hoch spezialisierten Fachsprache zurechtkommen. Will heißen: sie verstehen und (zumindest rudimentär) sie sprechen. Das aber setzt technisches Verständnis voraus.

Übrigens auch Verständnis für die Hierarchien, Abläufe und Gewohnheiten in den technischen Branchen, die ja sehr von den eher simplen Mustern in den Konsumgütermärkten abweichen.

In den Jahren seit 1993, in denen NetWorks Marketing AG (das Unternehmen, für das der Autor arbeitet), auch als Telefonmarketing-Spezialist für die Anbieter von Investitionsgütern tätig ist, hat sich das Unternehmen eine Handvoll Grundregeln erarbeitet. Sie sind hier beschrieben.

Zunächst die Vorteile des Telefonmarketings:

- *Schnelle Optimierung.* Der Vorteil des Telefonmarketings liegt darin, dass es mit jedem Telefonkontakt sofort ein Ergebnis gibt – positiv oder negativ. Geschulte Verkäufer und ihre Supervisoren geben sich mit einer Absage jedoch nicht zufrieden, sondern versuchen zu ergründen, warum das Gespräch nicht weitergeführt hat. Nicht selten sind ja die Angebotsgestaltung oder die Gesprächsführung der Grund. Gehen sie diese Fehlerquellen offen an, lässt sich noch während einer Verkaufsrunde die Vorgehensweise optimieren. Das leistet keine andere Form der Kundenansprache, außer vielleicht Sonderformen der Internet-Kommunikation.
- *Hohe Responsewerte.* Die Praxis zeigt, dass man bei Aktionsrunden per Telefon mit einem Rücklauf von 20 bis 25 Prozent an Interessenten rechnen kann. Es gibt bei sehr gut „passenden" Angeboten auch schon mal Quoten bis zu 50 Prozent. „Tote Pferde" erkennt man an Quoten unter 10 Prozent.
- *Breite Anwendungspotenziale.* Telefonmarketing findet typischerweise folgende Anwendungsmöglichkeiten:
  - Leadgewinnung; Kontakt- und Ansprechpartnerqualifizierung,
  - Terminvereinbarung,
  - Kundenbindung, After-Sales-Gespräche,
  - Kundenzufriedenheits-/Qualitätsgespräch,
  - Messe-/Eventeinladung,
  - Messe-/Event-Nacharbeit,
  - Markterkundung, Marktforschung,
  - Betreuung von Vertriebspartnern, zum Beispiel für Leadverwendungsgespräche. Das sind solche, bei denen abgefragt wird, was aus zur Verfügung gestellten Leads (vorakquirierten Interessentenkontakten) geworden ist – Teil der Erfolgskontrolle innerhalb der Vertriebssteuerung.
  - Win-/Loss-Analyse (Bestimmung der ausschlaggebenden Faktoren bei der Kundengewinnung und beim Verlust eines Kunden),

- Grade-up-Aktionen, Swap-Aktionen (Verkauf höherwertiger Produkte als jene, die der Kunde üblicherweise bestellt; Tauschaktion),
- Servicekontakte,
- Opinion-Leader-Kontakte,
- Pressekontakte und
- Referenzkundengewinnung.

Worauf ist zu achten bei der Realisierung der Potenziale?

Erfolgstreiber beim Telefonmarketing

1. *Die Qualität der Dienstleister:* sicherstellen, dass sie mit dem (potenziellen) Kunden und dem Produkt klar kommen. Die Schwierigkeiten im Telefonmarketing für technische Güter habe ich zu Beginn dieses Kapitels beschrieben: Dass es nur wenige Dienstleister gibt, die sich auf die Kommunikation für Investitionsgüter spezialisiert haben. Daher sei hier auf das hingewiesen, was ich bereits im Kapitel „Marktforschung" über die Auswahl der Telefoninterviewer ausgeführt habe. Wenn Sie sich diese Mühe nicht machen, kann es passieren, dass der Callcenter-Agent das Angebot lieb- und leblos vom Bildschirm herunterleiert und das Gespräch bereits bei der ersten Rückfrage in die Krise gerät.

   Daher lassen Sie sich ausschließlich auf Dienstleister ein, die sich nahezu ausnahmslos auf das Investitionsgütergeschäft konzentriert haben. Lassen sie sich Referenzen nennen, die Sie persönlich prüfen.

2. *Das Briefing: Gute Vorbereitung ist der halbe Erfolg.* Wir von der Networks Marketing AG verstehen unter dem Begriff „Briefing" etwas anderes, als in der klassischen Werbung üblich. Während dort das Briefing nicht mehr umfasst als die Übermittlung wichtiger Informationen aus dem Markt und die Darlegung der strategischen Ziele (worauf die Agentur im Rückbriefing diese Fakten zusammenfasst und fragt, ob sie alles richtig verstanden hat) – verstehen wir unter „Briefing" den gesamten Vorbereitungsprozess vor Beginn einer Kampagne.

   Denn eine wirkungsvolle Kampagne (speziell eine integrierte Kampagne, bei der mehrere Werbemittel aufeinander abgestimmt werden) braucht eine perfekte Vorbereitung. Bei NetWorks investieren wir, trotz unserer breiten Erfahrung im Investitionsgütermarkt, hierfür bei jedem Auftrag immer noch mehrere Arbeitstage. Zum Briefing gehören
   - die Auswahl der Kontaktadressen,
   - die zeitliche Abstimmung der einzelnen Kampagnenschritte sowie
   - die Konzipierung und Gestaltung der vor- und nachgelagerten Mailings oder E-Mail-Sendungen.

Sie alle werden im Briefingtermin en détail aufeinander abgestimmt.

Zudem wird für jeden Kunden eine Datenbank erstellt, die exakt auf seinen Bedarf ausgerichtet ist. Diese Datenbank erfasst auswertbar jede Art von Einwänden und Auskünften, die NetWorks im Dialog erhält. Nur so können später Clusteranalysen vorgenommen werden, die Auskunft darüber geben, welche Gruppen von Ansprechpartnern besonders günstig reagiert haben und warum das so war.

Gemäß der Erkenntnis, dass „Lernen" vor allen Dingen auch „Wiederholen" bedeutet, durchläuft das Callcenter-Team gleich mehrfach einen Kick-off-Workshop. Diese Teamschulung, bei der das Team aktiv mitarbeitet, umfasst auch einen praktischen Teil, in dem die ersten Telefonkontakte erfolgen, um zu sehen, welche Rückmeldung wir aus dem Markt erhalten.

Die Erfahrung hat gezeigt: Allein eine solch aufwendige Vorbereitungsarbeit sichert den Erfolg der Kampagne.

3. *Strategische Kampagnenentwicklung: Leadgewinnung führt zur Leadpflege.* Es gilt zwar die Regel, dass die Weiterentwicklung eines Kundenkontaktes etwa fünfmal weniger kostet als die Gewinnung neuer Kontakte (Fachbegriff: Lead), trotzdem muss jedes Unternehmen hin und wieder seinen Bestand auffrischen. Für die Akquisiteure am Telefon ein manchmal recht frustrierendes Vorhaben, weil die Erfolgsquoten gering scheinen.

Wer bei der Telefonkampagne aber zwei Fliegen mit einer Klappe schlagen will, also neue Leads akquirieren und bestehende, vielleicht schon länger nicht mehr angesprochene Leads aktivieren, der erreicht wesentlich höhere Erfolgsquoten mit demselben Aufwand. Es kommt ja zur leichteren Gesprächsführung hinzu, dass die Motivation der Call Agents mit jedem halbwegs erfolgreichen Anruf steigt. Was es ihnen einfacher macht, auch „schwierige" Kontakte zu meistern. Was aber ist der übliche Output einer Telefonkampagne zur Leadbeschaffung? Wir teilen die neu gewonnenen Kontakte je nach ihrer Bedarfssituation in sechs Gruppen von A bis F ein (Tabelle 10).

Tabelle 10: Die Normalverteilung neu akquirierter Leads nach einer ordnungsgemäß durchgeführten Telefonmarketing-Aktion

Qualifizierung	Ergebnis aus allen Anrufen in %	Reaktionspotenzial und voraussichtliches Investitionsverhalten der Angesprochenen
A-Lead	1	Will innerhalb von 6 Monaten einen Auftrag vergeben.
B-Lead	1	Will innerhalb von 6–12 Monaten einen Auftrag vergeben.
C-Lead	2	Will in weniger als 12 Monaten einen Auftrag vergeben.
D-Lead	1	Hat ein entsprechendes Budget, kann/will aber keinen Termin für die geplante Investition nennen.
E-Lead	10	Wird als ernsthafter Interessent gewertet, hat aber weder Budget noch Terminplan für eine entsprechende Investition.
F-Lead	10	Gibt Interesse an; kann aber auch ein Prospektsammler sein.
N-Lead	ca. 75	Hat derzeit kein Interesse.

Die A- bis D-Leads nennen wir „Projekte", weil dort angegeben wurde, es sei ein Budget vorhanden und ein Zeitpunkt genannt wurde, zudem ein Produkt unseres Kunden gebraucht werden könnte.

A, B und D-Leads sind meist zu mehr als 80 Prozent signifikant. Das heißt: Wenn wir mit diesen Ansprechpartnern nach sechs bis spätestens 12 Monaten erneut Kontakt aufnehmen, erfahren wir, dass tatsächlich ein entsprechendes Projekt gestartet wurde. Wir sprechen natürlich viel früher mit ihm, weil wir ja Ihr Produkt dort platzieren möchten.

C-Leads hingegen, das haben unsere Erfahrungen gezeigt, sind oft nur zu rund 50 Prozent signifikant. Die Aussage, man wolle binnen eines Jahres einen Auftrag vergeben, ist eher unverbindlich.

Die größte Zahl der neuen Kontakte wird in die Gruppen E und F eingeordnet. Hier sind die Angaben weniger signifikant, da zwar Bedarf oder Interesse besteht, aber ein Budget noch nicht vorhanden ist. Alle diese Leads, auch die C-Leads, dürfen jetzt nicht mehr von der Leine gelassen werden.

Auch wenn Ihre Vertriebsmitarbeiter dazu neigen, alle Kontakte, die nicht sofort interessant sind, also kurzfristig für einen Termin in Frage kommen, auf einem großen Stapel zu sammeln und dort verschimmeln zu lassen. Machen Sie ihnen klar, dass diese so teuer identifizierten Entscheider auf einen schnellen Folgekontakt warten. Von selbst anrufen werden die wenigsten. Resignieren Sie auch auf keinen Fall vor der ungenauen Aussage der E- und F-Leads. Erstens muss man ja nicht alles glauben (vielleicht wollten die Gesprächspartner aus Vorsicht mit der Sprache nicht heraus?) und zweitens kann sich das Interesse ja schnell in einen konkreten Bedarf entwickeln. Was, wenn bei einem der Unternehmen plötzlich eine Nachfragesteigerung eintritt? Eine Maschine den Geist aufgibt?

Bleiben Sie dran und sorgen Sie dafür, dass Ihre Vertriebsleute wie auch die Mailingspezialisten für diese große Gruppe wertvoller Adressen ausreichend Gesprächstermine und Erinnerungskampagnen einplanen. Die Erfahrung zeigt, dass gerade diese Leadtypen sorgsam gepflegt werden müssen. Aus E-Leads werden übers Jahr immer wieder A-, B- und D-Leads oder sie bringen unerwartete Abschlüsse.

Fazit: Leadpflege bedeutet, die Investition in Dialogmarketingmaßnahmen mittelfristig in Neugeschäft umzusetzen. Leadpflege ist ein unverzichtbarer Teil jeder vernünftig angelegten Dialogmarketingkampagne. Die Pflege kann in aller Regel nicht dem Vertrieb allein überlassen werden. Sie sollte von einem professionellen Dienstleister durchgeführt werden.

Messen, Fachveranstaltungen, Seminare, Workshops

Niemand ist eine Insel – auch Ihre Kunden nicht. Sie treffen sich auf Messen, Kongressen und Seminaren. Dort tauschen sie sich aus – möglicherweise auch über Sie. Eigentlich eine ideale Kommunikationsplattform, denn warum sollen Ihre Kunden, statt über Sie zu reden, nicht gleich mit Ihnen sprechen?

Was bei der Messeteilnahme zu beachten ist

Es muss sich nur rechnen. Zum Beispiel die Teilnahme an Messen. Die schwächste Motivation, dort für ein paar hunderttausend Euro teilzunehmen ist die, man müsse Flagge zeigen. Alle anderen seien ja auch da. Das haben inzwischen sogar die Konzerne gemerkt und ihren Messeaufwand erheblich reduziert. Das hat vielen, selbst der so unverletzlich scheinenden CeBIT in Hannover, erhebliche Probleme eingebracht.

Warum also überhaupt auf Messen? Was soll es bringen, die Besten aus dem Verkaufsteam plus die Geschäftsführung für eine Woche in einer schlecht belüfteten Halle auf einem Fünfzig-Quadratmeter-Stand zusammenzupferchen? Wo meist doch keine Order geschrieben werden?

Hier die wichtigsten Gründe, an einer Messe teilzunehmen:

- Zunächst ist zu unterteilen in der Zielsetzung: Soll verkauft werden oder steht die Kontaktpflege im Mittelpunkt? Das wiederum hängt vom Produkt ab. Wer Massenware herstellt, die jeder in seinem Betrieb braucht, zum Beispiel preiswerte Patronen für den Tintenstrahldrucker, der wird auf jeder Messe rasante Umsätze schreiben – vorausgesetzt, er wird zugelassen und wahrgenommen. Auch sofort verständliche preiswerte Software lässt sich auf einer Messe gut umsetzen, auch Fachbücher.
- Wer aber komplexe technische Komponenten anbietet, wird eher eine Vielzahl von Informationsgesprächen führen und, wenn er seine Präsenz gut vorbereitet hat, eine Unmenge Visitenkarten und wesentlich weniger feste Termine für Nachmessegespräche mit nach Hause nehmen.
- Stellen Sie Ihre Verkaufsmannschaft daher auf Informationsgespräche ein. Und vor allem: trainieren Sie das Team vor der Messe entsprechend. Einschließlich des Auftretens auf dem Stand. Wenig ist abschreckender als ein Verkäufer, der im knittrigen Anzug gelangweilt den Zugang zum Stand versperrt und auf das nächste Opfer wartet. Es gibt auf Messevorbereitung spezialisierte Trainer, jede Messegesellschaft zumindest in Deutschland, wird sie nennen können.
- Sehen Sie die Messe als Teil Ihres integrierten Marketings. Das bedeutet: Wenn Sie schon den Aufwand auf sich nehmen, sollte er auf die gesamte Zeit zwischen den Messen ausstrahlen, also über in der Regel zwei, manchmal sogar vier Jahre. Geben Sie daher Ihrem Messeauftritt etwas mit, worüber der Besucher sich mit Ihrem Verkäufer noch über Monate unterhalten kann. Zum Beispiel eine „Knack den Tresor"-Aktion. Eine Messeteilnahme ohne sorgfältige Vor- und Nachbereitung verbrennt nur Geld.
- Manche Firmen nehmen die Messe auch zum Anlass, mit ihren bestehenden und potenziellen Kunden einmal ausgiebig zu feiern. Dann veranstalten sie außerhalb des Messegeländes ihren eigenen Event, zum Beispiel eine Gala. Dafür buchen sie mehr oder weniger originelle „Locations" wie einen Lokschuppen, die Ausstellungsräume eines Museums oder eine Tropfsteinhöhle. Da meist mehrere Aussteller auf solch eine Idee kommen, kann sich der Wettbewerb, möglichst viele Besucher zu den Events zu locken, schon einmal ins Absurde steigern.

Professionelle Messekonzeption bedeutet aber auch: Ausrichtung an dem, was die Messe für Ihr Unternehmen leistet. Treffen Sie die richtigen Ansprechpartner? Was tun, wenn die Messe mit einem Kongress verbunden ist, der die wirklich interessanten Besucher von Ihrem Stand weg in die Hörsäle zieht?

Über die Besucherstruktur informiert Sie jede Messegesellschaft gern, nur die Interpretationsweise der Daten ist öfters einmal etwas eigenwillig. Für das deutsche Messewesen gibt es seit langer Zeit sehr detaillierte Strukturdaten, die vom AUMA, dem Ausstellungs- und Messeausschuss der Deutschen Wirtschaft, erhoben werden. Fast jede deutsche und viele ausländische Messegesellschaften stellen sich deren Erhebungssystem. Die Daten stellen das Beste dar, was es an Messeplanungsgrundlage derzeit gibt. Sie sind im Internet unter www.auma-messen.de abrufbar.

Bleibt die Frage nach der Art des Auftritts: Schachtel oder Palast? Grundsätzlich wird zwischen Norm- und Individualstand unterschieden, wobei bei kleineren Unternehmen der Normstand, bei größeren der Individualstand typisch ist.

„*Normstand*" bedeutet wahrlich nicht die Reduzierung auf eine standardisierte, schlecht beleuchtete Rechteckschachtel von 3 mal 4 Quadratmeter Fläche. Der Begriff sagt nur, dass für die Standarchitektur Normsysteme verwendet wurden. Eine Kombination von Trägerstangen, Dekorplatten und Verbindungselemente also, die das Messebauunternehmen den ausstellenden Firmen leihweise zur Verfügung stellt (man kann sie auch kaufen). Auf dieser Basis entstehen oft verblüffend eindrucksvolle, sehr individuell gestaltete Messestände.

Beim *Individualstand* wird weitgehend auf Normteile verzichtet. Dann entstehen auf meist hunderten von Quadratmetern und für viele hunderttausend Euro Firmentempel von oft beeindruckender Wucht.

Für welche Art Sie sich auch immer entscheiden – Sie werden ohne Messebauunternehmen nicht auskommen. Nur diese kennen sich heute noch im Wirrwarr der Bauvorschriften und Aufbauverordnungen aus. Große Dienstleister können Ihnen auch behilflich sein bei der Durchsetzung Ihrer Positionierungswünsche in der Halle – oder möchten Sie sich direkt neben Ihrem größten Konkurrenten, dem Konzern mit seinem Riesenstand, platziert sehen? Oder die ganze Woche direkt auf die düstere Hallenwand starren, schlimmstenfalls noch am Durchgang zur Nachbarhalle gelegen? Viele Messebauunternehmen haben sich im FAMAB, dem Fachverband Messe- und Ausstellungsbau mit Sitz in Rheda-Wiedenbrück, zusammengeschlossen.

Was bringt der Kongress?

Kongresse sind, was die Zielgruppen und Themen angeht, das genaue Gegenteil der Messe: meist auf ein eng umrissenes Segment konzentriert, ziehen sie Spezialisten an, die sich auf den dort angebotenen Focus konzentrieren möchten. Das ist selbst, wenn auch eingeschränkt, bei Messe begleitenden Kongressen der Fall, aber diese Sonderform ist hier nicht Inhalt der Überlegung.

Sie treffen auf Kongressen also auf Kompetenzträger, die bereit sind, Ihnen ungeteilte Aufmerksamkeit zukommen zu lassen. Sie haben zwei Möglichkeiten: Entweder, Sie nehmen ausschließlich passiv teil, also als Zuhörer, dann ist die langfristige Wirkung Ihrer Teilnahme auf die Gespräche mit dem einen oder anderen Mit-Teilnehmer beschränkt. Vielleicht treffen Sie dabei sogar auf einen potenziellen Kunden. Es bleibt dann der Kunst Ihrer Vertriebsorganisation überlassen, den Kontakt zu verwerten.

Oder Sie sind aktiv, was wiederum zwei Möglichkeiten beinhaltet: entweder, Sie halten ein Referat. Das setzt voraus, dass der Veranstalter Sie kennt. Zum Beispiel, weil Sie in den Fachverbänden aktiv sind, wichtige Aufsätze geschrieben haben oder sie diesem, dem Veranstalter, einen Redenbeitrag angeboten haben.

Oder Sie stellen sich bei der üblicherweise einen Kongress begleitenden Ausstellung vor (was Standgeld kostet). Manchmal ist die Ausstellungsteilnahme auch Bedingung für die Möglichkeit, ein Referat zu halten.

Auch die Zusicherung, einen Teil der Verpflegungskosten beim Kongress zu übernehmen, kann die Bereitschaft, Sie zu einem Referat einzuladen, beträchtlich erhöhen.

Kostenmäßig wesentlich günstiger ist ein Aushang unter den „Wandzeitungen". Darunter versteht man die auf Papier niedergelegten wissenschaftlichen Erkenntnisse, die auf Stellwänden präsentiert werden.

Wenn Sie den Auftritt bei Kongressen als langfristig angelegten Teil Ihrer Unternehmensstrategie verstehen, sollten Sie auf jeden Fall auf die Relevanz Ihrer Ausführungen achten. Allgemeinplätze, monoton vorgetragen, begründen das radikale Ende Ihrer Kongress-Karriere. Lassen Sie Ihre Rede überprüfen und buchen Sie einen Rhetorik-Kurs!

Stellen Sie dem Veranstalter auch ein ausführliches Manuskript zur Verfügung. Die in den Kongressberichten so häufig zu findenden stichwortkurzen Zusammenfassungen sind für jeden, der sich später für die Themen interessiert, eine arge Zumutung. Beachten Sie: Kongressberichte sind eine gern genutzte Informationsquelle der Fachjournalisten.

Unterscheiden Sie zwischen Kongressen, die von wissenschaftlichen Institutionen, Fachverbänden, Unternehmen und deren Dienstleistern oder von freien Kongressveranstaltern ausgerichtet werden, Mischformen sind auch üblich.

Hat sich Ihr Unternehmen nicht bereits einen besonderen Ruf als Speerspitze der technischen Entwicklung erworben, wird es schwer sein, bei den Kongressen der wissenschaftlichen Institutionen Fuß zu fassen.

Ist der Veranstalter ein Konkurrenzunternehmen, haben Sie gar keine Chance. Sind Sie wichtiger Zulieferant eines veranstaltenden Unternehmens, ist die Chance schon größer.

Am besten wird es aber sein, sich auf die freien Veranstalter zu konzentrieren. Sie finden diese aber erst durch die sorgfältige Lektüre der Fachzeitschriften Ihrer Branche. Und sorgen Sie dafür, dass die bei Ihnen eintreffenden Einladungsmailings für solche Veranstaltungen sorgfältig gesammelt werden!

Wenn Sie sich aber auf die Rolle des passiven Teilnehmers beschränkten und die Gespräche mit den Mitbesuchern keine sonderlich Erfolg versprechenden Aussichten eröffnet haben, bleibt immer noch eine Chance: Besorgen Sie sich die Teilnehmerliste; in der Regel ist diese dem Veranstaltungsbericht beigefügt. Es handelt sich hierbei um eine wertvolle Adressenquelle. Versuchen Sie, mit den Teilnehmern zuerst ins Gespräch und später ins Geschäft zu kommen.

Die Hausmesse

Warum sich auf einer Messe der Konkurrenz stellen und sich ausforschen lassen, wenn's auch anders geht? Viele Unternehmen sind inzwischen dazu übergegangen, das Geld für Messebesuche einzusparen und stattdessen eine Hausmesse zu veranstalten.

Das sind meist überaus wirkungsvolle Veranstaltungen, bei denen man seine Kunden für eine genau definierte Zeit für sich hat. Meist entsteht eine Mischung aus Infomarkt und Animation, die es erleichtert, Gespräche zu führen. Dabei lässt sich leicht herausfinden, in welche Investitionsrichtung der Kunde tendiert. Häufig bringt ein hochrangiger Besucher auch junge Kollegen mit, die beginnen, sich in der Szene zu orientieren – wichtige Ansprechpartner für die Zukunft also.

Soll die Hausmesse ein Erfolg sein, beachten Sie folgende *Planungsregeln:*

- Richten Sie eine Datenbank ein, in die Ihre Vertriebsleute nach jedem Gespräch unverzüglich ein Protokoll hinterlegen. Dazu muss zuvor ein Formular entwickelt werden, dessen Handhabung ausreichend trainiert wird.
- Achten Sie darauf, dass jeder Besucher schnell einen Gesprächspartner findet. Wartezeiten lassen sich durch das gastronomische Angebot und die Präsentationen nur beschränkt überbrücken. Da jeder einigermaßen wichtige Kunde ein Mitglied der Geschäftsführung zu sprechen gedenkt, ist für die Chefs eine harte Zeit angebrochen. Sie können Frustrationen beim Kunden vermeiden, wenn Sie grundsätzlich nur Gruppengespräche führen. Weisen Sie Ihre Mitarbeiter an, Besucher mit entsprechenden Gesprächswünschen zu solchen Gruppen hin zu führen. Zwar lassen sich Einzelgespräche damit nicht gänzlich vermeiden (bei denen es nicht selten um den letzten Knatsch mit dem Call Center geht – gefährlich, wenn Sie davon nichts wissen), diese sollten Sie dann aber in einem separaten Raum durchführen.
- Sorgen Sie für eine originelle, Themen bezogene Einladung. Setzen Sie Ihren Vertrieb ein, um die Kunden zum Kommen zu motivieren.
- Die Nachbereitung der Veranstaltung muss zügig erfolgen, speziell die Zusendung versprochenen Materials. Manche Firmen nehmen dieses Thema so ernst, dass sie dafür sorgen, dass der Besucher die Unterlagen bereits am nächsten Tag auf dem Schreibtisch hat. Wohlgemerkt: nicht als E-Mail, sondern in der gedruckten, haptisch und optisch eindrucksvollen Form.
- Planen Sie die Themen besuchergerecht. Es macht keinen Sinn, einen Bauchladen von Produkten zu präsentieren. Setzen Sie lieber jährlich neue Schwerpunkte, dann können die anderen Produkte mitlaufen. Kommen die Besucher aus großen Organisationen, lernen Sie auf diese Weise immer wieder neue wichtige Gesprächspartner kennen.
- Mischen Sie Fach- mit allgemeinen Informationen. Zur technischen gehört die wirtschaftliche Bedeutung. Wenn Ihr Unternehmen noch klein ist, stellen Sie Ihren Willen zur Meinungsführerschaft zur Schau.
- Vermeiden Sie aufdringliche Animation. Die Musik ist leise, Zauberkünstler sind verpönt (wenn diese nicht in der Lage sind, das Produkt zu dramatisieren – wenn doch, dann ja!) und die Speisenauswahl eher konservativ.

Die Roadshow

Die mobile Version der Hausmesse. Macht nur Sinn, wenn mehrere Ihrer bestehenden oder potenziellen Kunden sich in industriellen Schwerpunktgebieten befinden. Üblicherweise werden für Roadshows Hotel- oder Messeräume gemietet. Manchmal bringt ein Unternehmen seine Präsentation auch in riesigen Trucks unter, die dann zum Zentrum eines technischen Zirkus werden.

Die Firmenveranstaltung

Wer nicht gerade eine Hausmesse veranstalten, seine Kunden aber trotzdem immer wieder einmal um sich versammeln will, dem stehen die vielen anderen Veranstaltungsvarianten zur Verfügung. Die klassischen Anlässe: Firmenjubiläum, Einweihung einer neuen Halle oder Produktionslinie, die Einführung eines neuen Produkts.

Es gibt aber auch Veranstaltungen mit besonders starkem Kunden bindenden Effekt. So organisierte eine Herstellerin technischer Spezialpapiere eine Zeitlang jährlich wiederkehrende Informationsrunden mit Kunden und deren Kunden, bei denen ausschließlich gesellschaftlich relevante Themen abgehandelt wurden. Die Schar der Referenten war handverlesen, bis hin zu ehemaligen Regierungschefs. Diese Veranstaltungen hatten die Aufgabe, das eher kleine Unternehmen gegenüber den Konzern gebundenen Wettbewerbern abzugrenzen und die Sympathieführerschaft zu gewinnen. Die dann auch in die Wettbewerbsführerschaft übergeleitet werden konnte.

Die Veranstaltungsreihe war Teil eines integrierten Marketing-Ansatzes, der bindend war für alle kommunikativen Maßnahmen. So strahlten die Personalanzeigen des Unternehmens dieselbe Noblesse aus wie die Veranstaltungen, der jährlich verschenkte Kalender und der Messeauftritt.

Der Vertrieb hatte es unter diesen Umständen leicht, einen immer wieder neuen Gesprächsansatz zu finden.

Die Internet-Präsenz

Wenigstens eine der so vielen optimistisch gestimmten Voraussagen über die Bedeutung des Internet hat sich bewahrheitet: Es gibt keinen Anbieter technischer Güter mehr, der nicht im Internet vertreten ist. Das wäre schon ein Widerspruch an sich: eine technisch orientierte Firma, die sich nicht des modernsten Informationskanals bedient?

Nicht aufgehoben sind aber die Zweifel an der wahren Bedeutung der Internetpräsenz und über die bestmögliche Darstellungsform. Es gilt ja die Regel: Hat der Besucher beim dritten Klicken nicht gefunden, was er sucht, muss er schon zu den besonders Interessierten (und Hartnäckigen) gehören, wenn er dann nicht aussteigt.

Nicht beseitigt sind auch die Zweifel, ob man mit seiner Präsenz die Konkurrenz nicht unnötig schlau macht. Was also ist sinnvoll?

Ich verzichte hier auf eine detaillierte Beschreibung der *Gestaltungsmerkmale*. Nur soviel:

- Machen Sie dem Besucher die Navigation leicht.
- Verwirren Sie ihn nicht mit überfrachteten Seiten, vielen Schriften und vielen Bildern (die verzögern im Übrigen auch den Bildaufbau und schon klickt sich der Besucher wieder hinaus).
- Vermeiden Sie, wenn es irgend geht, das Scrollen zur Seite;
- Führen Sie den Besucher von der Kurz- zur Langfassung Ihrer Informationen. Ist er wirklich an Detailinformationen interessiert, bleibt er auch länger als drei Klicks bei Ihnen;
- Definieren Sie die Aufgabe der Internet-Präsenz detailliert und präzise und verlieren Sie diese nie aus den Augen.

Typische *Aufgaben* der Internet-Kommunikation sind:

- Produktpräsentation. Am besten interaktiv und mit bewegten Bildern. Der Besucher kann die Präsentation steuern, sich einzelne Teile wiederholt anschauen oder für ihn weniger interessante Sequenzen überspringen. Er bestimmt das Tempo, so wird es ihm kaum langweilig werden. Im Idealfall lädt der Besucher den zur Präsentation gehörenden Prospekt, die Preisliste und vielleicht sogar die gesamte Präsentation auf seinen Rechner, um sie später einem Entscheidergremium zu präsentieren.
- Probekäufe. Einige Softwareanbieter ermöglichen das Downloaden eines Programms für eine zeitlich eingeschränkte Nutzung. Das geht über „Freihalteschlüssel".
- Meinungen sammeln. Dafür wird ein Kundenforum eingerichtet. Aber Vorsicht! Wenn das Forum von Nonsens-Einsendungen oder von der Konkurrenz angestifteten negativen Meinungen überquillt (die ja jeder lesen kann), haben Sie ein Problem. Daher sind viele Forum-Betreiber dazu übergegangen, den Zutritt per Code einzuschränken. Manche lassen Reklamationen ausschließlich per E-Mail zu; ein Webmaster löscht dann bösartige Forumsbeiträge noch vor der Veröffentlichung.
- E-Mail-Dialog. Anfragen und Diskussionen, die mit den zuständigen Sachbearbeitern geführt werden. Eine Möglichkeit, schnell auf Anregungen und Beschwerden einzugehen. Setzt voraus, dass die Zuständigen in Ihrem Unternehmen auch Zeit haben, sofort zu reagieren. Passiert das nicht, verstärkt die vermeintliche Verweigerung des Dialogs die negative Einstellung des Kunden.
- Direktbestellung von Waren, meistens Zubehör oder Ersatzteile. Sehr kostengünstig für alle, vor allem, wenn die Weiterleitung der Bestellung automatisch erfolgt. Um die Bestellungen tätigen zu können, erhält der Kunde einen Zugangscode und ein Passwort.
- Sicherung des konstanten Informationsflusses. Dafür richten Sie einen Newsletter ein, die den Empfänger regelmäßig über wichtige Entwicklungen im Unternehmen unterrichtet.

So weit der Umgang mit Ihrer eigenen Homepage. Sie sind aber nicht auf diese beschränkt, wenn Sie mit dem Internet Erfolg haben wollen.

Es gibt Marktplätze, auf denen bestimmte Angebote gebündelt werden, zum Beispiel im Bereich der Pneumatik. Der Besucher blättert die entsprechenden Seiten durch und entscheidet sich für das Teil oder den Anbieter, die ihm interessant erscheinen. Er klickt auf den Link, am besten jenen, der zu Ihnen führt, und kommt somit auf Ihre Homepage.

Wenn Sie an einem solchen Marktplatz teilnehmen wollen, müssen Sie sicherstellen, dass der Besucher sofort, also ohne Umwege, auf das entsprechende Angebot stößt. Muss er sich erst von Ihrem Portal zu den Produkten hin arbeiten, haben Sie ihn auf der Stelle verloren.

Sie können ja, wenn Sie ihn auf die anderen Seiten ziehen wollen, versuchen, den Rahmen so attraktiv und informativ zu gestalten, dass er sich gerne noch einen Bummel durch Ihr Internet-Haus leistet. Unverzichtbar ist aber der leicht zu findende Zugriff auf Informationen über Ihre wirtschaftliche Bedeutung. Denn einer, der Sie nicht kennt, möchte schon wissen, auf wen er sich im Falle einer Bestellung einlässt.

Schließlich sind für Ihre aktiven Akquisitionen die vielen im Internet zu findenden Ausschreibungen von Interesse.

Presse- und Öffentlichkeitsarbeit

Die Präsenz zumindest in der Fachpresse ist mehr als ein „Nice to Have". Denn woher soll Ihr potenzieller Kunde von Ihrer Leistungsfähigkeit wissen, wenn nicht durch die Fachpresse? Durch Ihre Mailings und Anrufe? Die sind ja ganz interessant – aber eben doch „nur" Werbung.

Bevor er Sie also auf die Liste der möglichen Lieferanten setzt, will er neutral vorinformiert sein – und das bietet ihm die Fachpresse. Obwohl jeder mit klarem Verstand Gesegnete weiß, dass die Pressemeldungen, die in den Fachblättern abgedruckt werden, nur in den seltensten Fällen sorgfältig gecheckt wurden. Und er auch weiß, dass der redaktionellen Berücksichtigung häufig eine intensive Anzeigenschaltung vorausging. Trotzdem hat ein Artikel in der Fachzeitschrift, und sei er noch so kurz, hohe Glaubwürdigkeit.

Pressearbeit ist also vom Ansatz her integriert angelegt: Anzeigen beeinflussen die redaktionellen Beiträge. Dann können Sie die anderen kommunikativen Maßnahmen gleich mit integrieren:

- Halten Sie auf Messen Kontakt zu den anwesenden Redakteuren. Jeder Veranstalter hält im Messeraum Fächer zur Verfügung, in denen die Unternehmen ihre Meldungen und Einladungen platzieren.
- Veranstalten Sie auf den Messen Pressemeetings. Aber nur dann, wenn Sie wirklich Interessantes zu berichten haben. Ein Journalist, der sich mit Banalitäten abgespeist sieht, ist zu Recht sauer.
- Laden Sie die Journalisten zu Ihren internen Veranstaltungen (Hausmessen, Kongressen, Kundenevents) ein. Ordnen Sie jedem Pressevertreter einen Betreuer zu, der ihm möglichst schnell zu wichtigen Gesprächspartnern verhelfen soll.

- Sorgen Sie für einen kontinuierlichen Informationsfluss in die Redaktionen. Selbst, wenn nichts gedruckt wird, landen die Meldungen doch häufig in den Themensammelmappen der Redakteure. Außerdem machen Sie sich unterschwellig bekannt. Das hilft bei der Kontaktanbahnung, wenn Sie die wirklich wichtigen Informationen gezielt platzieren wollen.
- Bauen Sie Kontakte auf. In den seltensten Fällen trifft Ihre Pressemeldung auf sofortiges Interesse. Wenn Sie aber wissen, für wann welche Themen geplant werden, können Sie entsprechende Informationsangebote formulieren. Jedes Fachmagazin gibt Mediadaten heraus, aus denen zu sehen ist, welcher Themenschwerpunkt für welches Heft geplant ist.
- Studieren Sie sorgfältig die Anzeigenpreislisten der Verlage. Dort finden Sie auch die Erscheinungstermine von Sonderthemen. Erfahrungsgemäß ist es einfacher, dort mit einem Beitrag unterzukommen als in allgemeinen redaktionellen Bereich. Rechnen Sie mit der Gegenfrage nach einer Anzeige.
- Das gilt übrigens auch für die Sonderthemen der Wirtschaftspresse und der Tageszeitungen. Diese sind für ein mittelständisches Unternehmen häufig die einzige Möglichkeit, einen Fuß in die redaktionellen Plätze dort zu bekommen.
- Wenn Sie einen Presseverteiler aufbauen, vergessen Sie die freien Journalisten nicht. Diese haben häufig ein starkes Interesse, interessante Themen aufzugreifen, zu vertiefen und zu platzieren. Seien Sie im Umgang mit den Freien tolerant, wenn um Reisekostenvergütung gebeten wird. Sie verdienen häufig nicht viel.
- Pressekonferenzen sollten Sie vermeiden, wenn Sie nicht bereits eine große Bedeutung aufgebaut haben. Machen Sie lieber Redaktionsbesuche.
- Fallen Sie nicht auf diese unlauteren Angebote für ein kostenlos abgedrucktes Interview in einem obskuren Titel herein. Meist ist damit die Auflage verbunden, Kosten für die Fotos zu übernehmen – pro Bild nicht selten um tausend Euro. So etwas macht kein seriöser Verlag.

Sie sehen: Öffentlichkeitsarbeit ist wichtig und beileibe nicht umsonst. Wer meint, mit dem Versenden von ein paar Pressemeldungen Schleichwerbung im Gegenwert von ein paar Millionen Euro Anzeigenraum ergattern zu können, ist gewaltig auf dem Holzweg.

Professionelle Öffentlichkeitsarbeit muss genau so exakt geplant werden wie jede andere Kampagne. Meist schließt sie auch die Kommunikation mit den Mitarbeitern und den Firmennachbarn ein.

Und, ganz wichtig, die Agentur entwickelt Pläne für den Fall einer Katastrophe in Ihrem Unternehmen. Zum Beispiel, was zu tun ist, wenn sich herausstellt, dass Sie einen Produktrückruf starten müssen, weil eine Komponente in der von Ihnen hergestellten Maschine aus einem lebensgefährlich falschen Material hergestellt worden ist.

Wohl dem Unternehmen, das bis dahin ein ausreichendes Vertrauen bei den Redakteuren aufgebaut hat.

4
MASCOTE >Opportunity Tracking< – Ihr Marketingplan

Nachdem Sie auf die beschriebene Weise zu einer Marketingstrategie gefunden haben und sich über die wichtigsten Elemente Ihres Marketings klar geworden sind, können Sie nun den Marketingplan aufstellen. Er umfasst eine Folge von Kampagnen, die sinnvoll aufeinander abgestimmt werden. Wie geht man dabei vor? Hier eine Erklärung anhand eines praktischen Beispiels, einer Kontaktrunde im Rahmen einer Telefonaktion.

Erster Schritt: Die Zieldefinition

Zunächst einmal ist das Ziel der Kampagne zu definieren. Es gibt zwei Möglichkeiten. Sie setzen sich:

1. Ein reines Responseziel nach dem Motto „Wir wollen aus der geplanten Telefonaktionsrunde x Prozent qualifizierte Anfragen erhalten" oder
2. Ein Präsenzziel: „Wir wollen, dass an unserer Präsentation in der Stadt XY 20 qualifizierte Besucher teilnehmen".

Natürlich können Sie sich diese Ziele erträumen oder erwürfeln. Besser aber, sie wählen realistische Vorgaben, die Sie aus den gegebenen Potenzialen ableiten.

Die Bestimmung des Responseziels

erfolgt auf der Grundlage des gewichteten Leadpotenzials, wie vorne beschrieben. Dazu noch einmal die statistischen Erfahrungswerte (Tabelle 11):

Tabelle 11: Die Normalverteilung neu akquirierter Leads nach einer ordnungsgemäß durchgeführten Telefonmarketing-Aktion

Qualifizierung	Ergebnis aus allen Anrufen in %	Reaktionspotenzial und voraussichtliches Investitionsverhalten der Angesprochenen
A-Lead	1	Will innerhalb von 6 Monaten einen Auftrag vergeben.
B-Lead	1	Will innerhalb von 6–12 Monaten einen Auftrag vergeben.
C-Lead	2	Will in weniger als 12 Monaten einen Auftrag vergeben.
D-Lead	1	Hat ein entsprechendes Budget, kann/will aber keinen Termin für die geplante Investition nennen.
E-Lead	10	Wird als ernsthafter Interessent gewertet, hat aber weder Budget noch Terminplan für eine entsprechende Investition.
F-Lead	10	Gibt Interesse an; kann aber auch ein Prospektsammler sein.
N-Lead	ca. 75	Hat derzeit kein Interesse.

Vorausgesetzt, das Produkt ist überhaupt verkaufsfähig und Sie können die Zielgruppe einigermaßen korrekt einschätzen (siehe Kapitel „Markterkundung"), dann werden Sie in jeder Aktionsrunde Ergebnisse mit dieser Verteilung erhalten. Das hat uns die Erfahrung aus jetzt mehr als 600 Kampagnen in zehn Jahren immer wieder bestätigt.

Wenn Sie weniger als zehn Prozent Response bekommen, dann ist entweder die Kampagne falsch konzipiert, oder das Produkt hat ein Problem. Das erkennen Sie aber sehr schnell an den ersten Ergebnissen, so dass Sie die Kampagne noch fein tunen können. Oder sie gänzlich abblasen, weil der Markt die Ziele nicht hergibt. So ist es uns auch schon passiert, weil der Markt wirklich komplett gesättigt war. Da war es dann besser, sich sofort wieder zurückzuziehen, weil wir dem Kunden von der sich abzeichnenden Verdrängungsschlacht abraten mussten.

Auch hier wieder der ernsthafte Hinweis: Lassen Sie die Marktforscher ran, denn die können Ihnen sagen, ob Sie bald ein Vermögen für sinnlose Marketingarbeit aufwenden werden oder besser ein paar Türen weiter Ihr Glück bei anderen Zielgruppen versuchen.

Die Vorstellung hingegen, der so viele Unternehmen unerfreuliche Verluste verdanken, dass nämlich die ersten drei Referenzkunden in einer homogenen Zielgruppe für die gesamte Zielgruppe sprechen, sollten Sie sofort vergessen.

Die Bestimmung des Präsenzziels

ist wesentlich schwieriger als die Bestimmung des Responseziels. Denn ob ein Interessent wirklich, wie noch am Telefon fest versprochen, zur Veranstaltung kommt, hängt von einer nahezu unübersehbaren Fülle von Faktoren ab. Einschließlich des Wetters.

Uns ist es zum Beispiel einmal passiert, dass die Zufahrt zu dem Kölner Hotel, in dem wir unsere Präsentation abhalten wollten, eine Stunde vor Veranstaltungsbeginn wegen Hochwassers gesperrt wurde. Was haben wir daraus gelernt? Stets hochwasserfrei tagen!

Abgesehen vom Wetter beeinflussen durchaus berechenbare Größen die Bereitschaft, sich zu einer Produktpräsentation zu bewegen. Der potenzielle Besucher schätzt den Sinn, sich die Mühe zu machen, im Wesentlichen entsprechend einer individuellen Wertekaskade ab. Die so entstehenden Barrieren lassen sich jedoch überwinden oder umgehen (Abb. 7).

Barrieren	Barrierenbrecher/-vermeider
Ort der Veranstaltung – wie weit fahren?	Anfahrtsweg unter 45 Minuten.
Prestigefaktor – in welches Hotel werde ich eingeladen?	Nur erstklassige Häuser buchen.
Zeitpunkt der Veranstaltung – auf welche geschäftlichen und privaten Interessen muss ich verzichten?	• Niemals an einem Montag; • Freitags nur, wenn spätestens 14.30 Uhr Schluss ist. • Regionale Feiertage beachten!!!
Andere Veranstaltungen, die für die Zielgruppe wichtig sind, zur gleichen Zeit.	Termin vermeiden.
Kosten – was muss ich bezahlen?	Steuerungsinstrument. Kostenpflicht garantiert, dass nur die wirklich Interessierten kommen.
Relevanzunsicherheit – was genau ist der Inhalt?	Exakte Beschreibung des Ablaufs und des Nutzens für den Besucher.
Kompetenzunsicherheit – wer sind die vortragenden Personen? Gibt es prominente Redner?	• Kompetenz der Redner in der Einladung deutlich machen. • Engagieren Sie (Fach)Prominenz zur Aufwertung der Veranstaltung.
Anwenderrelevanz – kommt ein Kunde zu Wort?	Referenzkunden vortragen lassen.
Glaubwürdigkeit – deutet die Einladung auf eine Werbeveranstaltung hin?	Zu werbebetonte Ansprache vermeiden.
Funfaktor – was wird an Rahmenprogramm geboten?	Es reicht der Hinweis auf ein reichhaltiges Büffet.
Belohnungserwartung – was darf ich am Schluss mitnehmen?	Eine attraktive aber nicht zu teure Belohnung ausloben (Foto!).

Abb. 7: Barrieren vor der Teilnahme an einer Produktpräsentation und deren Überwindung

Dennoch ist bei Networks jede Einladungskampagne immer noch Anlass, besonders exakt zu planen, langen Vorlauf zu verlangen und die Option zum Abbruch der Kampagne stets mit einzuplanen. Wenn Sie diese Hinweise beachten, können Sie mit einer durchschnittlichen Teilnehmerquote von zwei bis fünf Prozent aus allen A bis F-Leads rechnen.

Den Kern der Zielgruppe ermitteln – das Buying-Center

Bei jeder Zieldefinition sollten Sie nicht vergessen: Die Menge an Rückläufern oder Besuchern allein hilft Ihnen nicht sehr viel. Es kommt vor allem darauf an, die richtigen Personen zu erreichen – eben die Entscheider in den Buying Centern.

Daher müssen Sie Ihre Leads vor Kampagnenstart noch einmal qualifizieren, indem die Telefonmannschaft nachfragt, wer denn nun wirklich als Teil des Buying Centers anzusehen ist.

Sie können daraus später auch die richtigen Botschaften und Inhalte ableiten – sowohl, was den Einladungstext wie auch die Vorträge betrifft. Denn die Mitglieder des Buying Centers haben durchaus unterschiedliche Informationsbedürfnisse: Der Techniker will wissen, ob Ihr Angebot zu den Einrichtungen in seinem Betrieb passt und ob es ihn technisch überzeugt; die Kaufleute, wie sich die Investition amortisiert und der Vorstand, was diese Investition strategisch für das Unternehmen bedeutet.

Zweiter Schritt: Die Formulierung der Leitidee – Ihr Slogan

Slogans sind nicht nur eine Sache der Konsumgüterindustrie. Auch wenn Sie Investitionsgüter oder kostspielige Dienstleistungen verkaufen, hilft dabei eine Leitidee, ein Schlagwort, ein kurzer Satz, ein Slogan eben. Er komprimiert den Kern Ihres Angebots und Ihrer Alleinstellung in eine merkfähige verbale Formel. Sozusagen als mentaler Zugangscode für Ihre Unternehmenswelt.

Wenn die Leitidee dann auch noch bildlich dargestellt werden kann oder sich in einem 3D-Mailing wieder findet – umso besser. Umso besser auch, je häufiger (bei aller gebotenen Zurückhaltung im Markt der technischen Güter), Sie den Slogan bei jeder kommunikativen Äußerung wiederholen. Denn Lernen bedeutet, wir sagten es schon, wiederholen. Jeder Slogan soll gelernt werden, erst dann kann er wirken.

Eine solche Leitidee zu finden ist die eigentliche Qual, der sich Werbeleute ständig unterziehen müssen. David Ogilvy, der große Werbekünstler aus den USA, beschreibt sie in seinem Buch über Werbung „The big Idea". Und diese Ideen sind nun mal recht selten. Sie müssen zum Selbstverständnis des Unternehmens passen, unmissverständlich sein und doch eigenständig. Sie müssen „echt" wirken.

In der Kommunikation für Investitionsgüter darf ein Slogan durchaus nüchtern wirken, muss es wohl sogar. Denn Ihre Ansprechpartner mögen zumindest hier keine Mätzchen, keine Stabreime zum Beispiel nach dem Muster „Rasender Rasteroszillograph". Keine Mehrdeutigkeit nach dem Muster „Scharfer Schlitzschneider".

Der Einkäufer bevorzugt klare Sachaussagen, die überzeugend und auch nachprüfbar sind. Hier ein paar Beispiele:

> *„Unsere Garantie: Mehr als 90 Prozent der Rechnungsbelege werden automatisch erkannt"*

Das ist eine klare Leitidee. Der Anbieter garantiert, dass mehr als 90 Prozent der eingehenden Lieferantenrechnungen eben nicht mehr von Hand erfasst werden müssen, sondern von einem System innerhalb der SAP-Lösung des Kunden automatisch zugeordnet werden können. Das bedeutet für den Kunden, dass er statt zehn Personen, die er derzeit für die Datenerfassung beschäftigt, nur noch ein bis zwei Mitarbeiter einsetzen muss. Diesen Vorteil kann er leicht in eingesparte Kosten übersetzen.

> *„Ihre Daten sind sicher – ab 5 EURO pro Tag".*

In diesem Fall geht es um einen Dienstleister, der dank einer bundesweiten Infrastruktur in der Lage ist, selbst sehr große Datenmengen über ein Glasfasernetz zu sichern. Bricht bei einem Kunden im Rechenzentrum eine Katastrophe, zum Beispiel ein Feuer aus, dann sind dessen Daten zusätzlich zu allen anderen Sicherheitssystemen über das Glasfasernetz gesichert. Diese Leistung kostet bei einem typischen Mittelständler mit 100 installierten PCs nur 5 Euro pro Tag. Wenn er seine Daten verloren hat, kostet es ihn die Existenz.

Oft ist es der Slogan, der einem guten Produkt den letzten Anstoß zum Verkaufserfolg gibt. Da aber, um erneut Ogilvy zu zitieren, nichts so gut ist, dass es nicht verbessert werden könnte, lohnt es sich meist, der einen Leitidee eine zweite entgegen zu setzen. Beauftragen Sie daher Ihre Agentur, nicht nur einen, sondern zwei unterschiedliche Slogans zu erarbeiten und stellen Sie beide in einem Test gegeneinander.

Dafür ziehen Sie aus dem Adressenpool zwei Gruppen von zehn bis fünfzehn Teilnehmern, und führen Sie mit diesen den geplanten Kampagnenablauf durch. So lässt sich meist schon nach kurzer Zeit erkennen, auf welche Leitidee die Zielpersonen besser ansprechen. Selbstverständlich können Sie den Testlauf auch mit nur einem einzigen Slogan durchführen, wenn Sie sich den Aufwand für die Entwicklung eines Alternativslogans sparen wollen.

Die Rede war von der visuellen Umsetzung der Leitidee. Um bei unseren Beispielen zu bleiben: Wie lassen sich 90 Prozent Arbeitsersparnis (die automatische Rechnungserfassung) und kostengünstige Datensicherheit (der externe Datenspeicher) optisch umsetzen? Denken Sie nicht um die Ecke. Vermeiden Sie Albernheiten. Keine überkreativen Mätzchen. Versuchen Sie Analogien zu bilden, die jedem gängig sind. Wenn Sie die Idee ins Haptische umsetzen können, sie also im Wortsinne anfassbar machen, umso besser.

Wie haben wir es gelöst? Indem wir im Fall der Arbeitsersparnis („90 Prozent der Belege werden automatisch erkannt") zwei Rechnungsstapel abgebildet haben. Der eine, riesige, symbolisierte die 90 Prozent, die von nun an automatisch abgearbeitet werden; der zweite, kleine, stand für den überschaubaren Rest, der nun noch händisch eingegeben werden muss.

Die fünf Euro pro Tag („Ihre Daten sind sicher – für 5 Euro pro Tag") haben wir als Genussstücke herübergebracht. Nämlich als in Goldfolien verpackte Fünf-Euro-Schokoladentaler in einem Mailing. Damit ist es uns zudem gelungen, der rationalen Botschaft einen emotionalen Verstärker mitzugeben.

Lerneffekte herbeiführen, Penetration sichern

Haben Sie sich für einen Slogan entschieden (und das tun Sie für dasselbe Produkt am besten nur alle zwei Jahre einmal), dann müssen Sie aber auch konsequent vorgehen. Das heißt: Sie werden jedes Werbemittel mit dem Slogan versehen – in allen Printmedien, im Internet-Auftritt und bei allen Präsentationen. Nur dann tragen Ihre Investitionen mit der Zeit Früchte.

Ganz wichtig: Auch der Vertrieb muss den Slogan transportieren. Setzt voraus, dass er ihn auch von der Zielsetzung und den marktpolitischen Hintergründen her versteht. Dann kann er sich mit der Leitidee identifizieren und ihn als wertvolle Verkaufshilfe einsetzen.

Nehmen Sie sich daher Zeit für ausführliche Gespräche und Schulungen. Wenig ist für die Schlagkraft einer Marketingmaßnahme abträglicher, als eine abschätzige Bemerkung Ihres Verkäufers nach dem Motto: „Ja, ja, da haben die sich in der Zentrale mal wieder was Tolles ausgedacht".

Vermeiden Sie aber, den Vertrieb in die Entwicklung der Leitidee einzubinden. Das ist Aufgabe der Spezialisten. Die sollen ja auch nicht versuchen, Ihre Produkte durch die Sitzungen des Buying Centers zu pauken.

Dritter Schritt: Die Zielgruppenauswahl

Eine der wichtigsten Aufgaben bei der Kampagnenvorbereitung ist die Zielgruppenauswahl. Es geht darum festzulegen, welche Ansprechpartner Ihre Botschaft erhalten sollen. Je stärker Sie den Kreis einengen, umso spezifischer Sie sich auf die Situation des Umworbenen einstellen, desto besser können Sie Ihr Angebot formulieren.

Dabei kommt eine Vielzahl von Kriterien in Betracht, die Sie so formulieren, dass sie einen Auswahltrichter ergeben. Sie gehen also zum Beispiel von weitest greifenden (zum Beispiel: die Branche) zu immer engeren Kriterien über. Etwa

- zunächst zur Betriebsgröße (wenn Sie zum Beispiel eine Lohnabrechnungssoftware vertreiben, die am besten für Unternehmen bis 100 Mitarbeiter geeignet ist),
- danach zum Standort (Sie verfügen nur in einigen Regionen über einen wirklich schlagkräftigen Vertrieb) und
- im nächsten Schritt zu Merkmalen, welche die technische Ausstattung der Unternehmen beschreiben (ob das Unternehmen mit vernetzten Rechnern oder Einzel-PCs arbeitet).

Die optimale Zielgruppenauswahl verlangt also, dass Sie eine genaue Vorstellung davon haben, wie der ideale Kunde aussieht. Da helfen sicher die Ergebnisse der Markterkundung. Und es macht die Aufgabe viel leichter, wenn Sie schon einige Verkäufe getätigt haben. In diesem Fall können Sie sich an den Bestandskunden orientieren, falls Sie sicher sind, dass die Merkmale dieser Kunden für die Branche, in die Sie hineinverkaufen wollen, typisch sind.

Je dichter die Märkte besetzt sind, umso wichtiger wird es, begrenzte Zielgruppen mit ähnlichen Eigenschaften genau kennen zu lernen. Das Marketing der Investitionsgüterindustrie entwickelt sich immer mehr zur Detektivarbeit, zum Aufspüren von immer kleineren Zielgruppen, die in ihren Bedürfnissen und Erwartungen gegenüber einem Lieferanten genau beschrieben sind („Filigran-Marketing").

Wenn Sie in der Planung auch stets die Erwartungen und Bedürfnisse Ihrer Kunden ins Zentrum stellen, Ihr Produkt also aus dem Blickwinkel der Kunden zu sehen gelernt haben, so sollten Sie aber doch nicht Ihre Realisationsmöglichkeiten aus den Augen verlieren. Denn was hilft es Ihnen, wenn Sie Hunderte von Anfragen aus Baden-Württemberg erhalten, Ihnen aber ausgerechnet dort leistungsstarke Vertriebsleute fehlen?

Die Komplexität der Zielgruppenauswahl macht deutlich, wie wichtig es ist, mit einem erstklassigen Adresslieferanten zu kooperieren. Diese aufzuspüren ist nicht ganz einfach. Nur selten geht die Segmentierung so weit wie oben beschrieben. Spätestens bei der EDV-Infrastruktur in einzelnen Unternehmen strecken die klassischen Adressanbieter die Waffen.

Bei NetWorks sind wir daher dazu übergegangen, eine relativ kleine Anzahl von Adressen (42.000 Stück) selbst zu pflegen, um uns genau das Material zu beschaffen, das für unsere Kunden von höchster Wichtigkeit ist.

Vorschläge zur Adressauswahl

Die Wahrscheinlichkeit, dass Sie gleich beim ersten Versuch mit einem unbekannten Adressenverlag einen optimalen Adressenstamm bekommen, ist sehr gering. Deshalb raten wir unseren Kunden, zunächst mit einer kleinen Zahl von Adressen einen ersten Testlauf durchzuführen (vorausgesetzt, das Marktpotenzial gibt es her).

Meist stellt sich ein nicht völlig befriedigendes Ergebnis ein. Deswegen ist es angebracht, im nächsten Schritt per Telefon bei einem Teil der Zielgruppe zusätzliche Informationen einzuholen und dadurch die Zielgenauigkeit der Kampagne zu verbessern. Das funktioniert meistens ganz gut. Man führt dann entweder ein Folgemailing durch oder setzt auf Telefonmarketing.

Bei der Zielgruppenauswahl sollten Sie sich nicht nur von der Überlegung leiten lassen, welche Betriebe sich möglichst ähnlich sind und bezüglich Branche und Betriebsgröße zu Ihren Zielen passen. Wichtig ist auch, dass Sie die relevanten Betriebsarten unterscheiden und entsprechend berücksichtigen.

Ein Beispiel aus dem Bereich des Vertriebs von Softwareprodukten: Sie wählen als Branche den „Getränkehandel". Dazu gehören Groß- und Einzelhändler. Der Großhändler hat keine privaten Endkunden und verkauft in der Regel auf Rechnung. Er hat daher völlig andere Anforderungen an seine betriebliche Datenverarbeitung als der Einzelhändler, der über die Kasse verkauft, zusätzlich noch eine Pfandkasse betreibt und seinen restlichen Zahlungsverkehr elektronisch abwickelt.

Es ist nicht ganz einfach, in einem fremden Datenstamm, wie er von den Adressverlagen geliefert wird, so fein zu differenzieren. Gelegentlich findet man die Unterschiede durch einen Suchprozess im Firmennamen, zum Beispiel als „Müller Getränkegroßhandel oHG". Das ist aber nicht die Regel. Da bleibt dann nur der Griff zum Telefon, um die Fakten zu klären.

Vierter Schritt: Die Festschreibung des Kampagnenablaufplans

Wenn die Ziele Ihrer Kampagne definiert sind, die Leitidee gefunden, die einzelnen Elemente festgelegt und der Adressenstamm ausgewählt wurden, können Sie an die Festschreibung des Kampagnenablaufplans gehen. Er entspricht in seinen wesentlichen Elementen einem Projektplan, wie er überall Einsatz findet.

Zunächst gilt es, die Grundlagen zu schaffen. Dafür müssen Sie erst einmal exakt definieren, wo Sie hin wollen:

- Legen Sie im Detail fest, welche Informationen Sie über die bestehende technische Ausstattung Ihres Ansprechpartners erhalten wollen.
- Was möchten Sie darüber hinaus über seine Planungen und konkreten Projekte erfahren?
- Wie finden Sie heraus, welche Personen das für Ihr Angebot zuständige Buying-Center bilden?

Für die Beantwortung dieser Fragen ist vermutlich ein Dialog per Telefon der richtige Weg. Danach ist es wichtig, die geeignete Infrastruktur zu schaffen. Hier gibt es einige Knackpunkte, die gerne vergessen werden:

- *Knackpunkt: Datenbankorganisation*
  Was ist zu tun, damit die Kontakte (auch die Kontaktpersonen) später wieder eindeutig der Kampagne zugeordnet werden können? Sie müssen jederzeit nachvollziehen können, welche Person aus dem Adressenpool wann welches Mailing erhalten hat, und wer bereits angerufen wurde. Stellen Sie sich vor, wie peinlich für Sie, wie negativ es für das Unternehmen wäre, wenn ein Ansprechpartner ein 3D-Mailing zum zweiten Mal erhielte. Da ist das Image des Schlamperladens, in dem die rechte Hand nicht weiß, was die linke tut, schnell perfekt.
- *Knackpunkt: Einrichtung der Ergebnisdatenbank*
  Professionelle Agenturen liefern Ihnen die Ergebnisse der Telefonate und der sonstigen Kampagnenarbeit als Datenbank, die immer den gerade aktuellen Status wiedergibt. Wichtig ist, dass Sie der Agentur klare Vorgaben liefern, welche Informationen Sie in welcher Form haben möchten. Denken Sie daran, was Sie später auswerten wollen. Zum Beispiel: Wer soll später ein spezielles Nachfolge-Mailing erhalten? Alle Vertriebsleiter von Unternehmen der Branche X, die das Computersystem Y einsetzen? Wenn das so sein soll, muss bei der Kampagnenplanung schon daran gedacht werden.
- *Knackpunkt: Kampagnenkoordination*
  Ihr zukünftiger Kunde schätzt es, wenn er nicht in jeder Woche einmal wegen eines Ihrer Angebote kontaktiert wird. Wichtig ist also, die verschiedenen Kampagnen so zu koordinieren, dass entweder verschiedene Themen zusammengefasst werden oder ein angemessener zeitlicher Abstand eingehalten wird.
- *Knackpunkt: Leadübergabe an den Vertrieb*
  Ein ganz wichtiges Thema. Ihr Betrieb lebt davon, dass die Leads in Vertriebserfolg umgesetzt werden. Die Erfahrung zeigt jedoch, dass die Vertriebsmitarbeiter zunächst nur die Erfolg versprechendsten Kontakte bearbeiten, dort Termine vereinbaren und dann nach mehr solcher Leads verlangen. Deswegen habe ich weiter oben den Rat gegeben, die schwächer eingestuften Leads (C-, E-, F-Kategorie) durch einen qualifizierten Mitarbeiter im Telefonmarketing so lange weiter beobachten zu lassen, bis es dort ein Projekt gibt, das für Ihr Unternehmen Anknüpfungspunkte bietet.
- *Knackpunkt: Reporting*
  Das Berichtswesen soll Ihnen Auskunft geben, welcher Erfolg bei jedem Lead erzielt wurde. Stellen Sie sicher, dass ein Kontakt, der aus welchem Grund auch

immer stecken bleibt, gut dokumentiert wird und dass der entsprechende Lead auch in den Leadpool zurückgegeben wird. Denn von dort aus wird er anders weiterverfolgt als ein Lead, aus dem sich bereits ein weiterer Gesprächstermin entwickelt hat.

Planen Sie also entsprechende Berichtstermine von Anfang an in den Aktionsverlauf mit ein. Sie müssen unbedingt integraler Teil der Kampagne sein. Nur so können Sie auf unerwartet hohe Verweigerungsraten zeitnah reagieren.

Stellen Sie auf diese Weise sicher, zum Beispiel mittels eines entsprechenden Formulars, dass die Zielgruppen richtig definiert wurden, die Leadeinstufung korrekt erfolgte und dass der Vertrieb auch aktiv mitarbeitet.

- *Knackpunkt: Informationsversand*
  Haben Sie daran gedacht, dass es sich inzwischen eingebürgert hat, dass die Interessenten eine erste Information per E-Mail wünschen, zusätzlich aber den Versand einer ausführlichen Präsentationsmappe erwarten? Ein wenig aufwendig, aber Erfolg verstärkend. Denn Sie haben jetzt eine zusätzliche Dialogchance, deren Nutzung sorgfältig geplant und organisiert werden muss. Vor allem: Bereiten Sie den E-Mail-Text vor und organisieren Sie die logistischen Abläufe entsprechend.

- *Knackpunkt: Vertriebsworkshop*
  Wenn es möglich ist, sollten Sie alle Vertriebsmitarbeiter oder zumindest den Vertriebsleiter und/oder besonders respektierte, erfahrene Außendienstmitarbeiter zu einem Vertriebsworkshop einladen, um deren Wünsche und Vorstellungen mit in die Kampagne einfließen zu lassen. Aber nur als Ratschlag. Lassen Sie Ihr Marketing nie von den Wünschen der Verkäufer diktieren. Warum nicht? Weil Sie in kürzester Zeit ausschließlich auf die Preisschiene gedrückt sein werden. Sie kennen ja die häufigste Ausrede für einen nicht zustande gekommenen Auftrag: „Wir waren zu teuer"!

Nachdem diese Grundlagen geschaffen wurden, macht es Sinn, den Kampagnenplan zu entwerfen. Er bestimmt, wer wann wo was macht. Unbedingt mit verbindlichen Terminvorgaben. Dafür

- legen Sie Kontrolltermine fest,
- richten Sie Zeitpuffer ein (selbst dann, wenn's, wie üblich, drängt. Aber ein Organisationschaos wegen zu enger Zeitfenster ist für jede Kampagne tödlich) und
- planen Sie ausreichend Zeit für die notwendigen Besprechungen mit Lieferanten, Vorgesetzten und Mitarbeitern ein.

Noch einmal, weil sie so wichtig sind, eine Anmerkung zu den oben bereits angesprochenen Testläufen: Denken Sie bitte daran, dass mindestens ein Testlauf pro Kampagne notwendig sein wird. Es kann Ihnen aber auch passieren, dass ein einziger Testlauf nicht ausreicht. Es kann ja sein, dass der erste Testlauf zeigt, dass Sie eine nicht so optimale Zielgruppe ins Visier genommen haben. Dann müssen Sie sich für einen völlig neuen Adresspool entscheiden und diesen erneut testen. Stimmt die Richtung endlich, müssen Sie immer noch überprüfen, ob die Leitideen und die Produktauslobung die Bedürfnisse der neuen Zielgruppe auch trifft – und wenn nicht, die Kampagne noch einmal überarbeiten. Klingt teuer – aber dieser Aufwand ist immer noch leichter zu ertragen, als am Schluss einer falsch konzipierten Verkaufsrunde feststellen zu müssen, dass nahezu das ganze dafür vorgesehene Geld durch den Kamin gerauscht ist.

Fazit: Planen Sie von Anfang an die Möglichkeit ein, dass Ihre Kampagne nicht sofort das gewünschte Ergebnis bringt. Sie brauchen unbedingt einen Plan B in der Schublade.

Fünfter Schritt: Den Übergang in die kontinuierliche Leadgewinnung organisieren

Wir hatten weiter oben davon gesprochen, dass immer noch die meisten Marketingkampagnen auf kurzfristige Ergebnisse angelegt sind. Leads werden gewonnen, benutzt und dann meistens vergessen. Ganz klar: Damit wird die Investition in Ihren Zielmarkt zum größten Teil verbrannt. Denn mal ehrlich: Sie können doch wohl nicht davon ausgehen, dass Ihr Ansprechpartner gerade dann ein Projekt plant, wenn Sie ihn kontaktieren? Das anzunehmen, ist absurd. Also brauchen Sie einen Geschäftsprozess, den wir bei NetWorks die „Kontinuierliche Leadgewinnung" nennen.

Dieser Prozess dient dazu, einmal gewonnene Kontakte, teilweise über Jahre, kontinuierlich zu pflegen und zu entwickeln. Die Ansprechpartner werden immer wieder telefonisch kontaktiert, zu Veranstaltungen eingeladen, erhalten Mailings per Post und – wenn sie zugestimmt haben – auch per E-Mail. So werden die Ansprechpartner immer wieder kontaktiert und informiert. Glauben Sie mir: Die meisten Menschen schätzen es, wenn sie umworben werden. Es gibt ihnen das Gefühl, wichtig zu sein. Niemand gibt das wirklich zu. Mancher reagiert reserviert und spielt den Spröden. Die Betonung liegt auf „spielt".

In einem solchen Prozess dokumentieren regelmäßig ablaufende Reportings den Erfolg der Pflegemaßnahmen und deren qualitative Relevanz. Auch hier ist ja nichts so gut, dass es nicht verbessert werden könnte. So können Sie zum Beispiel beobachten, wie viele der im „Pflegepool" Zwischengelagerten sich nach einiger Zeit doch zu einer Ihrer Veranstaltungen angemeldet haben. Daraus lässt sich ableiten, wie das Interesse der Zielpersonen mehr und mehr steigt, bis es Zeit für konkrete Projektverhandlungen ist. Dann sind wieder Ihre Leute vom Vertrieb am Ball.

Sechster Schritt: Die Vorbereitung auf die Kommunikation mit dem Buying Center

Der Umgang mit dem Buying Center ist nicht ganz einfach. Die Hauptfrage: Nur mit einer Person aus dem Team reden, mit mehreren, mit allen? Erfährt man überhaupt die Namen und die Funktion aller relevanten Mitglieder des Buying Center? Lässt sich vielleicht eine Person finden, die für Ihr Angebot als Sponsor auftritt? Als „Sponsor" wird eine Person verstanden, die hinter Ihrem Vorschlag steht, die Ihr Angebot gut findet.

Wir sind hier wieder an einer Schnittstelle zwischen Vertrieb und Marketing angelangt. Die Entscheidung über den Umgang mit Buying-Centern ist strategischer Art. Wer sie nicht ausreichend durchdenkt, muss mit unliebsamen Überraschungen rechnen. Denn: Oft genug kommt es vor, dass man einen Auftrag schon für sicher hält. Auf einmal aber erscheint – von irgendwo hinter der Bühne – eine mächtige Person und kippt alle bisherigen Absprachen. Die ganze Vorarbeit ist umsonst. Offensichtlich wurde versäumt, einen wichtigen Entscheider mit einzubeziehen.

Ich will jetzt nicht zu sehr in die Vertriebspraxis einsteigen. Dennoch der Hinweis: Es ist schon sehr wichtig, die Entscheider beim Kunden mit ihrem Namen und ihrer Funktion zu kennen. Es nützt nichts, wenn, etwa für den Verkauf eines Softwareprodukts für die Rechnungsbearbeitung, mittels kontinuierlicher Leadgewinnung zwar die Fach- sowie die EDV-Abteilung gepflegt und überzeugt wurden, die Entscheidung über einen Kauf aber noch von drei Vorständen abhängt, zu denen Sie keinerlei Kontakt hatten und die Ihr Unternehmen überhaupt nicht kennen.

Um derart unliebsame Überraschungen zu vermeiden, muss vor dem Kontakt mit dem Buying Center unbedingt geklärt sein:

1. Wer ist an der Kaufentscheidung beteiligt und welche Aufgabe nehmen die jeweiligen Mitentscheider im Unternehmen wahr? Wie ist ihre hierarchische Position? Welche Rolle spielt jeder? Es macht ja keinen Sinn, einen Kaufmann mit technischen Details überzeugen zu wollen. Umgekehrt können Sie einen Techniker mit betriebswirtschaftlichen Überlegungen bis zum Überdruss langweilen. Selbstverständlich verstehen die Kaufleute in den Buying Centern auch etwas von Technik. Und die Techniker sind betriebswirtschaftlich auch nicht ungebildet. Aber die entsprechenden Informationen fallen nicht in ihre Zuständigkeit. Konzentrieren Sie sich also lieber auf den Kern der individuellen Aufgabe.
2. Wer ist der „Treiber" eines Projekts? Ging die Initiative für die Implementierung des Projekts von der Fachabteilung aus oder ist es ein Auftrag, der von einer übergeordneten Planungsabteilung oder gar vom Vorstand kam?
3. Wer hat die Macht im Projekt? Haben Sie oder Ihr Vertriebsmitarbeiter einen guten persönlichen Draht zu einem Mitglied des Buying Centers, werden Sie wenigstens durch die Blume gesagt erfahren, wer im Team meint, das Sagen zu haben. Wessen Wort zählt; wer „nickt nur ab"? Wenn Sie auch dessen Motivation kennen (Aufstiegschance, letzte Chance, Überdruss am bereits zu langwierigen Projekt), können Sie das Interesse an Ihrem Angebot besser steuern.
4. Wann ist der Moment der Wahrheit? Wer weiß, wann die Entscheidungen über den Einkauf gefällt werden, kann seine Strategie zeitlich darauf einstellen.

Tipp: Auf die Rollenverteilung im Buying-Center müssen Sie mit differenzierten Dialogelementen reagieren. Bereiten Sie also entsprechend der individuellen Funktion der Teammitglieder Texte, Informationen, Formulare, Telefonskripts und Präsentationen vor – bis hin zum individuellen E-Mail-Formular. Seien Sie dabei konsequent bis zu Form und Gestaltung: Die Geschäftsleitung erwartet alle Informationen auf maximal einer DIN A4-Seite komprimiert. Der Techniker hat es gerne ausführlich und liebt Diagramme, die ihm die Vorteile Ihres Angebots erläutern. Der Finanzchef interessiert sich für Kosten, Nutzen und Abschreibungen. Tun Sie ihnen den Gefallen!

Siebter Schritt: Der Testlauf

Der Testlauf vor dem eigentlichen Kampagnenstart soll Ihnen Entscheidungshilfe geben. Gut vorbereitete Testläufe bringen Erkenntnisse aus drei unterschiedlichen Dimensionen: der qualitativen, der quantitativen und der strategischen.

Die quantitative Ergebnisdimension

beinhaltet die Responsewerte

- unterschiedlicher Adressstämme,
- anvisierter Branchen und
- anvisierter Geschäftsformen.

Die qualitative Ergebnisdimension

ermöglicht Erkenntnisse über

- Die Durchschlagskraft von Alleinstellungsmerkmalen, Leitideen und Slogans. „Marktführer" in irgendeinem Segment gibt es viele, und meist sind die Behauptungen nicht einmal nachzuprüfen. Daher zeigen viele Tests, dass dieses Selbstlob meist nicht einmal mehr wahrgenommen wird. Gut, wenn Ihr Testlauf Sie vor diesem Irrweg bewahrt.
- Die Wirkstärke der Kommunikationsmittel (Kanäle wie Print-Mail, E-Mail, Telefonmarketing);
- Einwände und Vorbehalte sowie, besonders wichtig,
- Die Einkaufsstruktur. Bis zu welcher Preisschwelle entscheidet eine Einzelperson selbst, und ab wann muss sie das Buying-Center oder die Geschäftsführung sowie die Einkaufsabteilung einschalten? Gibt es Ausschreibungsregeln, die Ihr Angebot betreffen?

Die strategische Dimension

fasst alle Hinweise zusammen, die die strategische Ausrichtung der Kampagne (und damit auch Ihres Unternehmens) betreffen. Dazu gehören:

- Die Struktur des Buying-Centers. Wurden die wirklichen Meinungsführer im Team angesprochen?
- Prämissen über die Zielmärkte. Sind alle Einflussfaktoren entsprechend ihrer Bedeutung berücksichtigt? Auch die, die über Branche, Betriebsgröße, Betriebsart und Region hinausgehen? Zum Beispiel die Fertigungsart: Es gibt etwa im Softwaremarkt Produkte, die keinen Serienfertiger interessieren aber jeden Projektfertiger. Der Testlauf muss solche Einflussgrößen aufdecken; hierfür eignen sich bereits einfache statistische Auswertungen.

- Die Einschätzung der Stärke des Wettbewerbs in dessen angestammten Märkten. Stößt der Call Center-Agent vielleicht auf Ablehnung, weil gewachsene Kundenbindung stärker ist als die Verlockung durch elegante neue Technik und Kostenreduzierung?

Die Größe des Testlaufpools

Eine bewährte Faustregel sagt, dass Sie für jeden Testlauf durchschnittlich zehn Prozent der vorhandenen oder eingekauften Adressen einsetzen müssen. Die absolute Zahl der Testadressen lässt sich aus der notwendigen Zahl relevanter Responses und der zu erwartenden Responsequote errechnen:

Um Trends (aber noch längst keine statistisch signifikanten Marktaussagen!) erkennen zu können, brauchen Sie mindestens zwölf komplett auswertbare Responses.

Bei einer hohen Responsequote von

- 3 Prozent bei **Mailings** müssen Sie also 400 (3 Prozent davon = 12) Adressen und
- 25 Prozent im **Telefonmarketing** müssen Sie 50 Adressen

für einen einzigen Testlauf einsetzen.

Selbstverständlich beginnen Sie den Testlauf nicht gleich mit den wertvollsten Adressen (sofern Sie vorab überhaupt einen Unterschied im Potenzial ausmachen können – das ist meist nur bei bereits bestehenden Kundenbeziehungen der Fall). Aber auch das krasse Gegenteil, nur die schwächsten Adressen zu verwenden, ist keine gute Idee. Ihr Ziel besteht doch darin, zu signifikanten Ergebnissen zu gelangen, die Ihnen ganz klar sagen, ob eine bestimmte Zielgruppe zu brauchbaren Leads führt oder nicht. Machen Sie also einen Mix in beiden Testgruppen und „opfern" Sie dafür auch „starke" Adressen.

Worauf Sie bei der Testauswertung achten müssen

Wenn Ihre Telefonmarketingagentur die Kontaktberichte (als Datenbank) angeliefert hat, dann sollten Sie jeden einzelnen Bericht durchsehen, *nicht nur das mitgelieferte Reporting*. Es geht hier ja nicht nur um die Relevanz der Antworten, sondern auch darum, ob der Fragebogen handhabbar ist und, nicht ganz unwichtig, ob das Call Center überhaupt mit dem Thema umgehen kann.

Überprüfen Sie:

- Werden die Zielpersonen erreicht oder nur deren Vorzimmerdamen beziehungsweise die Assistenten?
- Geben die Ansprechpartner Antworten, aus denen man ableiten kann, sie hätten Ihr Anliegen verstanden? Oder werden die Call Center-Agents meist an andere Personen verwiesen oder mit unsinnigen Antworten abgespeist?
- Verlaufen mehr als 20 Prozent der Gespräche so, wie es im Telefonskript vorgesehen ist? Bekommen Sie Antworten auf die Fragen, die Sie stellen? Sind die Antworten plausibel?

- Erhalten Sie bei mehr als 20 Prozent der Gespräche die Informationen, die Sie wünschen? Wie hoch ist der Anteil der Ergebnisbögen, die nicht ausgefüllt sind?
- Werden bei mehr als 75 Prozent der Kontaktadressen die Gespräche tatsächlich geführt? Die Quote an Personen, die nach vier Wahlversuchen erreicht werden, sollte auch bei Führungskräften nicht unter dieser Marke liegen. Davon ausgenommen sind Vorstände und Geschäftsführer (deren Vorzimmer oft genug rigoros blockieren).

Sobald Sie sicher sind, dass die Arbeit der Telefonmarketingagentur professionell ist, sollten Sie die entstandenen Leads an den Vertrieb geben. Wenn es gelingt, in einer frühen Phase der Kampagne einen guten Termin zu bekommen, der auf einem Lead aufbaut, das aus den Testläufen stammt, dann ist die Chance hoch, dass die Vertriebsleute an den Erfolg der Kampagne glauben. Sie sollten dann den erfolgreichen Kollegen bitten, kurz über seine guten Erfahrungen mit der Kampagne zu berichten. Das ist dann bereits Teil der Maßnahmen für den nächsten Schritt.

Achter Schritt: Der Vertriebsworkshop

Nachdem Sie nun sicher sind, dass Ihr Kampagnenkonzept stimmt, ist es an der Zeit, den Vertrieb auf seinen Part vorzubereiten. Laden Sie dafür frühzeitig zu einem Workshop ein, am besten in eines der speziell für solche Events ausgerichteten Tagungshotels. Es sollte angemessen Zeit zur Verfügung stehen. Bedenken Sie, dass solche Arbeitsmeetings nicht nur die technischen Einzelheiten der Kampagne und deren Inhalte trainieren, sondern auch den Zusammenhalt der Truppe verstärken soll. Laden Sie, wenn eine intensive Kooperation Voraussetzung des Erfolgs ist (schnelle Bearbeitung der Anforderungen von der Front, schnelle Nachlieferung von Leads), auch die Innendienstmannschaft dazu ein. Engagieren Sie einen mit technischem Vertrieb vertrauten Trainer.

Der Ablauf des Vertriebsworkshops kann beispielsweise so gestaltet sein:

- Erster Tag: Anreise bis 12.00 Uhr, Lunch, Eingewöhnung, erstes Briefing ab 15.00 Uhr, Einweisung in den Ablauf der Veranstaltung.
- Zweiter und dritter Tag: Fachveranstaltungen, Erläuterungen der Kampagne, motivatorische Einheiten.
- Vierter Tag: Abreise bis Mittag.

Die Themen, die bei solchen Treffen abgearbeitet werden im Einzelnen:

- Rückmeldung der Vertriebsmitarbeiter, welche Ergebnisse mit den Leads aus den Testläufen erzielt wurden. Erfolgsmeldungen zuerst!
- Welche Unklarheiten und Missverständnisse als Ergebnis der Telefonarbeit oder der Mailings (auch E-Mail-Sendungen) aus der Testphase gab es? Waren die Verkaufsunterlagen in Ordnung?
- Gab es Interessenten, die von sich aus Kontakt aufgenommen haben? Wer war das?
- Fehlen in den Ergebnisbögen wesentliche Informationen? Welche?

- Konnte der Entscheiderkreis des Buying-Centers erreicht werden? Wo sind noch Verbesserungsmöglichkeiten? Gab es Probleme oder Überraschungen?
- Wie viele Termine konnten die einzelnen Vertriebsmitarbeiter vereinbaren?
- Wurden bereits Gespräche oder Präsentationen durchgeführt? Bei welchen Interessenten? Welche Gesprächsergebnisse wurden erzielt?
- Verbesserungsvorschläge aller Art.
- Wenn 3D-Mailings eingesetzt werden: Hat sich der Ansprechpartner an dieses Mailing erinnert? Wie wurde es aufgenommen?

Die Ergebnisse des Vertriebsworkshops werden protokolliert und den Beteiligten zugänglich gemacht.

Neunter Schritt: Kampagnen-Optimierung

Sie kennen jetzt

- die Testlaufergebnisse und
- die Meinung Ihrer erfahrenen Vertriebsleute zur Kampagne.

Beides zusammengefasst dürfte Ihnen ausreichend Material für die Optimierung der Kampagne geben. Im schlechtesten Fall war der Testlauf ein Fehlschlag. Dann müssen alle Teile der Kampagne überdacht werden. Das ist aber nicht die Regel, wenngleich es immer etwas zu verbessern gibt.

Optimierung der quantitativen Elemente

Die Überlegenheit eines Adressstamms gegenüber anderen liegt offen, wenn die Unterschiede im Post- und E-Mailing mehr als einen Prozentpunkt ausmachen, also von der angenommenen Quote von drei unter zwei absinken.

Beim Telefonmarketing ist der Unterschied relevant, wenn Differenzen vom Standard-Response (25 Prozent) ab 5 Prozentpunkte ausmachen.

Wenn der Testlauf zeigt, dass Ihre Argumente auf komplettes Unverständnis stoßen, müssen Sie die Zielunternehmen konsequent wechseln.

Optimierung der qualitativen Einflussgrößen

Sie haben verschiedene Slogans, 3 D-Elemente, Illustrationen und Gesprächsstrategien gegeneinander getestet. Die Unterschiede in den Responses sind relevant, wenn die Abstände beim Mailing mehr als ein und beim Telefonmarketing mehr als fünf Prozentpunkte betragen. Entschließen Sie sich auf jeden Fall für die Variante, die besser abgeschnitten hat – selbst dann, wenn Ihre persönliche Lieblingsidee unter den Tisch fallen muss.

Nicht selten stellen Sie im Testlauf für Telefonkampagnen zudem fest, dass die angesprochene Person die Fragen und Ausführungen nicht so richtig versteht. Wenn Sie ausschließen können, dass der Call Center-Agent falsch intoniert hatte, müssen Sie die Fragen umformulieren. Dasselbe gilt, wenn Ihre Agents den Eindruck bekommen, niemand wolle den Argumenten so richtig Glauben schenken.

Die Testläufe ergeben häufig ein Bündel von Einwänden und Vorbehalten seitens der Gesprächspartner. Greifen Sie diese auf und entwickeln Sie psychologisch fundierte Gesprächsstrategien. Nach dem Muster: „Herr Müller, Sie können jetzt vielleicht meinen, dass ..., aber tatsächlich ist es so, dass ...". So gewinnt Herr Müller den Eindruck, mit jemandem zu sprechen, der seine Probleme kennt und sie bereits gelöst hat. Sie rennen offene Türen ein und schaffen so vorab Vertrauen.

Der Call Center-Agent und nach ihm der Vertriebsmitarbeiter werden erheblich entlastet, wenn sie die Einwände bereits kennen und überzeugend behandeln können. Damit steigt die Erfolgsquote der Kampagne ganz von selbst. Allein aus diesem Grund lohnt sich der Testlauf.

Optimierung der strategischen Ausrichtung

Zum Beispiel die Verbesserung der Kontakte zum Buying Center. Dazu gehört eine eventuell notwendige Umgewichtung der Gesprächspartner oder die Überarbeitung der Überzeugungsstrategie je nach den Interessen der Leitwölfe eines Buying-Centers.

Seien Sie außerdem sensibel und reagieren Sie flexibel auf Hinweise, ob Sie sich mit der Kampagne in der richtige Branche bei den richtigen Unternehmen bewegen. Nicht selten stoßen Sie dabei sogar auf noch nicht bedachte neue Märkte.

So hatten wir einmal für den Anbieter einer Dokumentationssoftware eine Kampagne gestaltet, bei der auch große Krankenhäuser angesprochen wurden. Unser Kunde hatte diese Zielgruppe zuvor jedoch als unergiebig ausgeblendet. Man war der Meinung, dass dort ohnehin keine Mittel zur Verfügung stehen und meistens auch nicht die technischen Voraussetzungen für ein anspruchsvolles Dokumentations-System gegeben sind.

Die auf den ersten Blick fehlgesteuerte Kampagne führte zunächst einmal zu einem Kritikgespräch des Kunden mit NetWorks. Dann schaute unser Kunde noch einmal genauer hin und stellte fest, dass der Bedarf der Krankenhäuser, Röntgenbilder elektronisch zu archivieren, bislang nirgends abgedeckt wurde. Denn wegen der großen Datenmengen detailreicher Röntgenaufnahmen waren diese bis dahin noch nicht elektronisch archivierbar. Unser Kunde wandte sich dem Problem zu – und hatte eine Marktnische entdeckt, in der er sich seither ausgezeichnet entwickelt.

Da hatte sich der Aufwand für den Testlauf wirklich bezahlt gemacht.

Zehnter Schritt: Kampagnencontrolling

Mit dem Abschluss des Testlaufes oder einer Kampagne steht eine Erfolgskontrolle, eine Auswertung an. Sie trennt Hypothesen von Fakten und bietet eine Grundlage für die Verbesserung der strategischen Ausrichtung. Das ist dringend notwendig, denn gerade im Marketing setzen sich immer wieder „Lieblingsideen" fest, die einmal erfolgreich waren und daher meist unreflektiert weitergeführt werden. Ein kontinuierliches Controlling zeigt dann zum Beispiel, wie sich diese Ideen abnutzen oder sogar negativ auswirken. Nach dem Motto: „Jetzt kommen die schon wieder (mit ihren Spielzeugautos, mit ihrer Hausmesse, mit ihren E-Mails)". Gutes Kampagnencontrolling entlarvt wirkungslose Lieblingsmaßnahmen somit als Kostentreiber. Unterscheiden Sie zwischen qualitativem und quantitativem Controlling.

Qualitatives Controlling

Das qualitative Controlling vergleicht die Hypothesen über die Marktbedingungen mit denen, die Sie wirklich antreffen. Dazu gehören:

- eigene und fremde Marktanteile;
- für Ihr Unternehmen relevante Projekte bei Kunden wie Nicht-Kunden;
- die Zufriedenheit eigener Kunden und die Ihrer Wettbewerber mit ihren Lieferanten und deren Produkten;
- Hinweise auf Potenziale in bisher übersehenen Marktnischen;
- Kauf und Ablehnungsgründe der potenziellen Kunden;
- der eigene Bekanntheitsgrad;
- Imagefaktoren (wie werden Sie im Markt wahrgenommen; entspricht das Bild der potentiellen Kunden von Ihrem Unternehmen Ihren Vorstellungen?);
- Ablauf der Entscheidungsprozesse.

Gerade der letzte Punkt ist wichtig, weil Marketingkampagnen häufig zu kurzatmig und damit an der Entscheidungsrealität vorbei angelegt sind. Wer seine Kampagnendauer für drei Monate plant, damit aber in einen Markt stößt, in dem vom Angebot bis zur Entscheidung durchschnittlich ein Jahr vergeht, darf sich nicht über einen Fehlschlag wundern. Er bemerkt es dann tragischerweise auch nicht, wenn der potenzielle Kunde in die letzte Entscheidungsphase eintritt und er einfach übersehen wird – weil er schon längst und viel zu früh resigniert hat.

Natürlich liegt in diesem langfristigen Ansatz ein Problem: Wie soll man kurzfristig die Ergebnisse einer Kampagne beurteilen, wenn man vielleicht 12 Monate lang auf die Verkaufsergebnisse warten muss?

Die Lösung liegt in der Lead- und nicht in der Ergebnisbewertung. Anzahl, Qualität und Kontaktergebnis bei der Leadbearbeitung zeigen sehr früh, ob Sie den richtigen Zielmarkt ansprechen, ob bei den angesprochenen Unternehmen die erhofften Projekte gefunden werden können und ob die notwendigen Investitionsbudgets vorhanden sind. Um die

Eignung des Ansprechpartners

für das Ziel Ihrer Aktion beurteilen zu können, bedarf es einer komplexen, an Erfahrungswerten orientierten Darstellung. Sie zeigt Entscheidungsmuster auf, die in Branchen oder Geschäftstypen oder in Firmen einer bestimmten Größe üblich sind.

Einfaches Beispiel: Wer eine Controlling-Software anbieten will, muss wissen, wer in welchen Unternehmenstypen für die Kontrollaufgaben zuständig ist. Es leuchtet unmittelbar ein, dass in einem kleineren Betrieb das Controlling meist beim Geschäftsführer liegt, der mit seinem Steuerberater spricht, während beim Großunternehmen ein hauptamtlicher Controller sitzt. Dort gibt es dann eine Buchhaltung im Haus und einen externen Wirtschaftsprüfer, der die Abschlüsse prüft und testiert.

Wenn Sie aus derartigen Erfahrungen eine Tabelle entwickeln, können Sie nach einiger Zeit Muster erkennen, aus denen Sie mit hoher Wahrscheinlichkeit auf die für Sie wichtige Position als Ansprechziel schließen können.

Aktionsergebnisse in mittelfristiger Betrachtung

Häufig werden Marketingkampagnen auf zu kurze Laufzeit angelegt. Wenn zum Beispiel der typische Entscheidungszeitraum eines Kunden für eine komplexe Softwarelösung bei sechs Monaten liegt, dann sind während einer dreimonatigen Kampagne keinerlei Verkaufsabschlüsse zu erwarten. So kommt es, dass solche Kampagnen immer wieder als erfolglos eingestuft werden, obwohl sie hohes Erfolgspotenzial in sich bergen. Ein potenzieller Kunde, der ein Projekt zum Beispiel erst neun Monate nach dem ersten Kontakt mit Ihnen zu planen beginnt, wird vom Vertrieb üblicherweise nicht mehr kontaktiert, weil er keinen kurzfristigen Umsatz gebracht hat. Damit ist der magische Moment verpasst und der Weg für den Wettbewerber frei. Vielen Chefs ist dieser Widersinn nicht bewusst.

Wir raten daher in jedem (!) Fall dazu, eine Kampagne im Projektgeschäft auf mindestens 12 Monate anzulegen. Wer diesem Rat folgt, wird feststellen können, dass die Kampagne aufgrund der kontinuierlichen Leadpflege von Monat zu Monat etwas erfolgreicher wird. In der Regel erreicht die Kampagne nach etwa 24 bis 30 Monaten ihren maximalen Erfolg. Die Abschlussquote strebt dann einem Grenzwert zu.

Die Erfahrung zeigt auch, dass der Verkaufserfolg einer kontinuierlichen Kampagne etwa 2,5mal höher liegt, als das Ergebnis einer auf 12 Monate angelegten Marktbearbeitung. In Einzelfällen konnten unsere Auftraggeber nach 24 Monaten Kampagnenlaufzeit Umsatzsteigerungen bis hin zu unglaublichen 700 Prozent erreichen. Der Faktor 2,5 ist eine regelmäßig seriöse Zahl, die man nachvollziehen kann, wenn man sich klar macht, dass B- und C-Leads über längere Zeit bis zum Präsentationstermin gepflegt werden.

Bei mittelfristiger Betrachtung Ihrer Kampagne gelangen Sie für jede Branche und jede Betriebsgröße, wir hatten dies als „Cluster" bezeichnet, zu einer Absatzkurve als Funktion der Zeit. Tatsächlich trennen sich diese Kurven sehr bald voneinander und zeigen den Korridor auf, in dem sich Ihr Verkaufserfolg bewegt.

Wenn in Ihrem Hause sauber kalkuliert wird, dann können Sie auf diesem Weg wunderbar festlegen, welche Zielgruppen mit Gewinn bedient werden können und wo Sie zukünftig das Feld den Wettbewerbern überlassen werden.

Quantitatives Controlling – Wichtige Kennzahlen für die Bewertung des Kampagnenerfolgs

Das quantitative Controlling arbeitet mit Kennzahlen.

Lassen Sie mich zunächst einige Begriffe definieren, die im Folgenden immer wieder verwendet werden:

- *Kontakt:* Ein tatsächlich geführtes Gespräch, unabhängig vom Ergebnis.
- *Neukontakt:* Ein Gespräch kam auch nach vier Versuchen nicht zustande. Neukontakt ist nötig.

- *Konzernverweis:* Entscheidungen werden beim Konzern getroffen. Sie wurden an den Konzern verwiesen und rufen dort nochmals an.
- *Lead:* Ein positives Gesprächsergebnis, das eine weitere Bearbeitung sinnvoll macht. Wir stufen Leads (siehe oben) mit den Bewertungen A bis F ein.
- *N-Lead:* "No-Lead". Derzeit keine Chance auf ein Geschäft.
- *Projekt:* Das angesprochene Unternehmen plant ein Investitionsprojekt, das für den Anbieter interessant ist. Es besteht dafür auch bereits ein Budget.

Die hinter den Begriffen stehenden Daten sind die Grundlage für die Berechnung einiger einfacher aber umso wichtigerer Kennzahlen. Die Formeln:

$$Gesprächsquote\ (\%) = \frac{Anzahl\ der\ durchgeführten\ Gespräche}{Anzahl\ der\ verwendeten\ Adressen}\ x\ 100$$

Diese Kennzahl gibt einen ersten Hinweis darauf, ob die *Aktion funktioniert.* Wenn weniger als 90 Prozent der Adressen zu Gesprächen führen, dann steht die Adressqualität in Frage. Möglicherweise sind die Firmen erloschen oder insolvent. Andere Gründe für die niedrige Quote sind Konzernverweise, die Abwesenheit der Zielperson (Neukontakt) oder deren generell unterentwickelte Gesprächsbereitschaft. Die Gesprächsquote sagt nichts über den Erfolg der Kontakte, sondern lediglich, bei wie vielen Adressen ein Gespräch zustande kam.

Zur Beurteilung der *Gesprächsergebnisse* sind daher andere Kennzahlen wichtig:

$$Leadquote\ (\%) = \frac{Anzahl\ erhaltener\ Leads}{Anzahl\ geführter\ Gespräche}\ x\ 100$$

$$Projektquote\ (\%) = \frac{Anzahl\ erhaltener\ A\text{-}D\text{-}Leads}{Anzahl\ durchgeführter\ Gespräche}\ x\ 100$$

$$Interessentenquote\ (\%) = \frac{Anzahl\ E\text{-}und\ F\text{-}Leads}{Anzahl\ geführter\ Gespräche}\ x\ 100$$

$$Terminquote\ (\%) = \frac{Anzahl\ vereinbarter\ Termine}{Anzahl\ geführter\ Gespräche}\ x\ 100$$

Wie aber lassen sich *Eignung und Qualität der Adressstämme* beurteilen? „Gute" Adressen sind die Basis des Kampagnenerfolgs. Aber was heißt das schon! Es lauern ja zwei grundsätzliche Fehlerquellen: Entweder

- die Adressen sind generell schlecht, also zu lange nicht gepflegt (viele nicht mehr vorhandene Firmen, teilweise unkorrekte Angaben wie falsche Postleitzahlen, falsche Anrede) oder
- aus guten Adressen wurden die falschen Zielpersonen ausgewählt.

In beiden Fällen verbrennen Sie Geld. Das Risiko, mit *ungepflegtem Adressmaterial* einen Flop zu landen, lässt sich abschätzen durch die Kennzahl

$$\textbf{\textit{Adressqualität}} \ \textit{(\%)} = \frac{\textit{Anzahl unveränderter Datensätze}}{\textit{Gesamtzahl Adressen}} \ x\,100$$

Unveränderte Datensätze sind Adressen, die nicht durch Nachrecherche verifiziert und/oder verändert werden mussten.

Wenn dieser Wert unter 80 Prozent liegt, dann stellen die Adressen selbst ein Problem dar. Generell müssen Sie davon ausgehen, dass sich etwa 10 Prozent der Telefonnummern pro Jahr ändern, und zwar vor allem bei Unternehmen mit weniger als 25 Mitarbeitern.

Um die *Eignung der Adressen* für das erhoffte Kampagnenergebnis zu beurteilen, vergleichen Sie die erzielten Leadquoten mit unseren Standardwerten in Tabelle 12.

Tabelle 12: Die Normalverteilung neu akquirierter Leads

Qualifizierung	Ergebnis aus allen Anrufen in %	Reaktionspotenzial und voraussichtliches Investitionsverhalten der Angesprochenen
A-Lead	1	Will innerhalb von 6 Monaten einen Auftrag vergeben.
B-Lead	1	Will innerhalb von 6–12 Monaten Auftrag vergeben.
C-Lead	2	Will in weniger als 12 Monaten einen Auftrag vergeben.
D-Lead	1	Hat ein entsprechendes Budget, kann/will aber keinen Termin für die geplante Investition nennen.
E-Lead	10	Wird als ernsthafter Interessent gewertet, hat aber weder Budget noch Terminplan für entsprechende Investition.
F-Lead	10	Gibt Interesse an; vielleicht aber auch Prospektsammler.
N-Lead	ca. 75	Hat derzeit kein Interesse.

Wenn Ihre Leadquoten aus den zu prüfenden Adressstämmen deutlich niedriger liegen, dann gibt es vermutlich ein Problem. Gleiches gilt, wenn die Quoten extrem höher liegen. Quoten von 85 Prozent zum Beispiel zum Thema „Interesse an einem Webshop" hatten wir zur Zeit des Internet-Hype. Die tatsächliche Käuferquote lag aber auch damals nur bei einem Bruchteil der Interessentenquote. Wenn in Ihrem Zielmarkt jeder das Gefühl hat, er versäumt etwas, wenn er nicht sofort einsteigt, dann bekommen Sie solche Antwortquoten. Das sieht auf den ersten Blick ganz toll aus. Als Grundlage einer Absatzplanung sind diese Zahlen jedoch ungeeignet.

Meistens liegt die Leadquote eher zu niedrig als zu hoch. Wir kennen Projekte mit Quoten bis hinunter zu 12 Prozent. Das kann – beispielsweise in voll besetzten Märkten wie bei ERP-Anwendungen – gerade noch normal sein. Sinkt die Quote jedoch noch weiter, dann sollten Sie nachrechnen, ob sich die Kampagne wirklich lohnt. Denn die Leadquote garantiert ja noch lange keine Abschlüsse, und wenn sie zu gering ausfällt, kann es sein, dass es zu überhaupt keinem Geschäft kommt.

Hier lohnt es sich, ganz genau hin zu schauen und mit dem spitzen Bleistift zu rechnen.

Beurteilung des Kampagnenerfolgs

Außer den Erfolgen bei der Leadgewinnung sollte auch noch der Kampagnenerfolg insgesamt bewertet werden. Dafür werden folgende Werte ermittelt und in Relation zu früheren Kampagnen gesetzt:

- Die Zahl der Außendiensttermine, die aufgrund der Kampagne stattgefunden haben,
- die Zahl der abgegebenen Angebote.

Die eigentliche Wahrheit leitet sich aber aus diesen Quoten ab:

$$\textit{Kosten pro Auftrag } = - \textit{Kampagnenkosten}: \textit{Anzahl der Aufträge}.$$

Ein weiterer, interessanter Wert ist der „Aktionserfolg", der angibt, wie viel Umsatz eine bestimmte Kampagne pro eingesetzten Marketing-Euro liefert:

$$\textit{Aktionserfolg} = \frac{\textit{Verkaufsumsatz}}{\textit{Kampagnenkosten}}$$

Dieser „Hebel-Wert" ist eine Maßzahl, die sich mit zunehmender Kampagnendauer immer weiter verbessert, wenn Sie auf kontinuierliche Leadgewinnung setzen. Wenn Sie in Ihrem Haus eine Deckungsbeitragsrechnung führen, dann können Sie auch den Deckungsbeitragserfolg der Aktion berechnen:

$$\textit{Aktionsdeckungsbeitragserfolg} = \frac{\textit{Deckungsbeitrag}}{\textit{Kampagnenkosten}}$$

Dokumentation der Fallbeispiele: Erfahrungswissen für die Zukunft

Sie haben eine Kampagne zum Abschluss geführt und dabei eine Menge gelernt. Vielleicht sind Aufzeichnungen entstanden, die Ihnen Hinweise auf Erfolgsfaktoren geben. Bei künftigen Kampagnen erinnern Sie sich jedoch garantiert nicht mehr daran, welche Faktoren im Detail die Gründe für Erfolg und Misserfolg waren. Schade drum. Denn Sie vergeuden wichtige Optimierungschancen. Noch schwieriger wird es, die Erfolgstreiber für die Zukunft zu sichern, wenn Sie im Team arbeiten. Jeder übernimmt einen Teil der Aufgabe. Scheidet ein Teammitglied aus, dann geht das Erfahrungswissen verloren.

Um das zu vermeiden, führen einige unserer Kunden inzwischen eine Datenbank mit Fallbeispielen. Zudem sammeln sie Erfahrungsberichte aus anderen Bereichen, die irgendwo als besonders exemplarisch veröffentlicht wurden. Es entsteht auf diese Weise ein äußerst hilfreicher Pool, der spätere Arbeiten erleichtert und deren Erfolg absichert. Auch NetWorks verfügt inzwischen über ein derartiges Archiv, das Synergien zwischen einer Vielzahl von Anbietern im Markt der Investitionsgüter schafft. Es ist unser Ziel, eine Art holistischen Kompetenzpool aufzubauen, aus dem der Mittelstand in seiner Ganzheit Nutzen schöpfen kann. Denn nur die Bündelung und Verteilung der kollektiven Marktfähigkeiten kann die hiesige Industrie vor dem Angriff preisaggressiver Wettbewerber schützen.

Fazit: Professionelles Controlling verschafft eine Übersicht über die Effizienz Ihrer Organisation sowie deren einzelnen Marketing-Maßnahmen, und es dient der kontinuierlichen Strategieoptimierung, ohne die kein Unternehmen die Dynamik der Märkte für sich nutzen kann.

Ein Beispiel: Immer wieder beobachten wir, dass Kampagnen zu groß angelegt werden, weil man nach dem Motto „viel hilft viel" arbeitet. Wir wachsen aber immer mehr in eine gesamtwirtschaftliche Situation hinein, in der „Mikromarketing" angesagt ist. Will heißen: Die individuellen Ausrichtungen der Kunden führen zu immer differenzierteren Anforderungen, für die immer genauer passende Lösungen gefunden werden müssen; bis hin zur Einzelfertigung. Dell mit seinen individuellen Computerkonfigurationen macht es uns ja vor. Dafür müssen aber auch die Geschäftsprozesse immer exakter auf Einzelanforderungen abgestimmt werden. Es gibt immer weniger Nachfrage nach „pauschalen" Lösungen.

In der Konsequenz bedeutet das zum Beispiel für die Anbieter von Business-Software, dass sie nicht mehr den Gesamtmarkt für „ERP-Anwendungen" ansprechen können, sondern zukünftig vielleicht mit einer Sonderlösung für Formenbauer aufwarten müssen, die zwischen 50 und 100 Mitarbeiter beschäftigen. Ist das Unternehmen kleiner oder größer, dann sind wesentliche interne Abläufe anders gestaltet, und entsprechend muss die Software angepasst sein. Dasselbe gilt für die Hersteller von Werkzeugen und Werkzeugteilen, für die Anbieter von Hydraulikelementen und für Dienstleister, die Gebäude reinigen.

Es ist die Kunst der Strategen, die Gemeinsamkeiten und Unterscheidungsmerkmale zu erkennen und daraus die exakt passenden ertragsstarken Produkte und Dienstleistungsangebote sowie die geeigneten Vertriebsstrategien zu schneidern. Professionelles Controlling bietet die Grunddaten dazu.

5
MASCOTE >Opportunity Tracking Engine<
Erfolgreicher verkaufen

Lassen Sie mich zunächst klarstellen, dass hier keine auch nur annähernd vollständige Darstellung der Vertriebsarbeit erfolgen kann. Es geht an dieser Stelle vielmehr um die Frage, wie der Vertrieb die vom Marketing gelieferten Leads möglichst gut in optimale „Opportunities", also realisierbare Verkaufsgelegenheiten, umwandelt.

Der Erfolg hängt sehr grundsätzlich von der Einstellung Ihrer Geschäftsführung zu diesem Thema ab. Hier ein paar bezeichnende Zitate von Geschäftsführern und Verkaufsleitern:

„Wir haben sieben Vertriebsmitarbeiter. Die sollen neue Kunden finden. Wie sie das machen, ist mir egal, dafür werden sie ja bezahlt. Unser Marketing findet entsprechende Kontakte. Außerdem haben wir gute Adresslisten, die können abtelefoniert werden."

Wunderbar! Das muss ja eine Freude sein, in einem Unternehmen zu arbeiten, in dem der Vertrieb einen solchen Stellenwert hat! Wunderbar? Schrecklich. Denn dieser Unternehmer schert sich keinen Deut um die Bedürfnisse der Kunden, sondern überlässt alles seinen Vertriebsleuten und deren Auswahlfilter. Und der orientiert sich meist am Preis. Eine solche Denkweise findet sich häufig bei Technikern. Kaufleute denken selten so.

Ein anderes Beispiel: Gerade hatte ich einen gestandenen Senior-Vertriebsmitarbeiter dabei erwischt, dass ihm bei einem seiner fünf (!) Bestandskunden ein Auftrag verloren gegangen war. Aber nicht, weil der Wettbewerb so stark war, sondern nur deswegen, weil er, der Vertriebsmitarbeiter, von der Chance nichts erfahren hatte. Es ging um einen Auftrag im einstelligen Millionenbereich. So etwas übersieht man nicht gerne. Sein Chef meinte dazu:

> „Ja, schon ärgerlich. Aber in der Regel kennen unsere Vertriebsmitarbeiter jeden Auftrag bei ihren Kunden. Wir werden immer um ein Angebot gebeten … usw."

Der Geschäftsführer weigerte sich, wahrzunehmen, dass es offenbar doch anders laufen kann. Die Gründe für den Auftragsverlust stellten sich später als ganz simpel heraus: Die Bestandskundenbetreuer waren in „ihren" jeweiligen Unternehmen gar nicht mehr damit beschäftigt, **neue** Kontakte herzustellen und neue Potenziale auszuloten. Sie gingen völlig darin auf, regelmäßig bei jeweils zwanzig „guten alten Freunden" Kaffee zu trinken und einen Plausch zu halten. Leider wusste keiner der guten alten Freunde von dem besagten Millionen-Projekt, das in einem Konzernteil bearbeitet wurde, zu dem bisher kein Kontakt bestand. Dieses Versagen ist typisch für Bestandskundenbetreuer, oft schon etwas ältere Vertriebsmitarbeiter, die sich auf ihren zweifellos vorhandenen Lorbeeren ausruhen dürfen.

Nun verkraften gut geführte Unternehmen schon einmal einen Auftragsverlust in Millionenhöhe. Besonders schlimm, weil Bestands gefährdend, erscheint mir aber, dass niemand im Unternehmen, nicht einmal in der Führungsetage, bereit war, seine Denkweise zu ändern. Sondern dem „bewährten Vorgehen" weiterhin blind vertraute.

An dieser Stelle möchte ich auch die Unsitte der „hoch aggregierten Vertriebziele" aufs Korn nehmen. Diese Fehlsteuerung funktioniert so, dass der Controller dem Chef meldet: „Wir brauchen fünf Prozent mehr Umsatz, um im nächsten Jahr unser Ergebnisziel zu erreichen". Die Vorgabe an den Vertrieb lautet dann regelmäßig:

> *„Im nächsten Jahr muss der Vertrieb 10 Prozent mehr umsetzen, um die Ziele zu erreichen. Viel Erfolg dabei!"*

Der Vertriebsleiter kommt dann häufig auf die Idee, dieses „Ziel" ungefiltert an den Vertrieb weiter zu geben, in etwa mit den Worten:

> *„Also, Jungs. Nächstes Jahr sind mal wieder 10 Prozent Plus angesagt. Das ist doch kein Problem. Wir haben bis jetzt noch jede Quote geknackt. Oder?"*

Es können nun verschiedene Dinge passieren:

- Der Vertrieb ist sich klar, dass dieses Ziel problemlos zu schaffen ist und macht sich keine Gedanken, weil allein das Marktwachstum ausreicht, um das Ziel zu „knacken". Das ist heute in allen Branchen aber nur noch ausnahmsweise möglich.
- Der Vertrieb nimmt das Ziel nicht ernst, weil es völlig überzogen erscheint und macht weiter wie bisher.
- Der Vertrieb bewältigt zwar das hoch aggregierte Ziel, doch die Deckungsbeiträge tendieren gegen Null, weil das Mengenziel nur durch Preisnachlässe erreicht wird. Es beginnt die berüchtigte Rabattspirale nach unten, die noch zusätzlich beschleunigt wird, wenn das Einkommen der Vertriebsleute über Provisionen an die Umsatzhöhe gebunden ist. Plötzlich erwirtschaften selbst die früher so ertragreichen Renditebringer rote Zahlen. Und niemandem ist ein Vorwurf zu machen, am wenigsten dem Vertrieb. Denn der hat seine Vorgaben ja erfüllt!

Wie aber geht es anders? Auch dazu einige grundsätzliche Überlegungen.

Aufgaben des Vertriebs

Vertriebsmitarbeiter(innen) sind Spezialisten auf hohem Niveau, insbesondere, wenn sie Investitionsgüter vertreiben. Einerseits benötigen sie ein hohes Maß an technischem Verständnis, so dass sie zur „Faktenschleuder" werden können. Darin liegt eine Gefahr. Sie sollen ja den Nutzen verkaufen, den Ihr Produkt dem Kunden bringt und keine technischen Vorlesungen halten.

Andererseits brauchen Vertriebsleute alle die guten Eigenschaften, die erfolgreiche Vertriebsbeauftragte (kurz: „VB") kennzeichnen. Und das sind nicht die Technikerfähigkeiten (sonst wäre jeder Techniker ein guter VB), sondern die Kompetenzen eines Beziehungsmanagers.

An dieser Stelle ein Wort zur Frage: „Kann man Vertrieb erlernen?". Meine Antwort darauf: Vertrieb ist, ganz klar, ein Handwerk. Und deswegen kann man den handwerklichen Teil des Vertriebes lernen und damit durchaus erfolgreich sein. Aber wie nicht jeder handwerklich geschickte Schreiner das Zeug zu einem zweiten Chippendale hat, hat nicht jeder Vertriebsingenieur das Zeug zum Starverkäufer. Und so kommt es, dass in mancher Vertriebsorganisation mit vielleicht 15 VBs ein einziger von ihnen über 20 Prozent des Gesamtumsatzes auf sich vereint. Den Rest teilen sich die Kollegen.

Meist sind solche Top-Verkäufer lang gediente Vertriebsbeauftragte, die schon immer besonders erfolgreich waren. Nicht, weil sie besonders viele Lehrgänge über Kontaktanbahnung, Verkaufstechniken und Zeitmanagement durchlaufen haben, das haben die anderen auch. Um den zehnfachen Umsatz eines Durchschnittskollegen zu erzielen, braucht es vielmehr die „Verkäuferpersönlichkeit", die Fähigkeit, eine ganz und gar positive, glaubwürdige Beziehung zum Kundenkreis aufzubauen. Das hat man, oder man hat es nicht. Man kann es mit viel Mühe erlernen, ohne dass dieses Verhalten hinterher „aufgesetzt" wirkt.

Damit sind die anderen, die weniger Brillanten, nicht schlecht. Beileibe nicht. Und es bringt auch nichts, den Starverkäufer bei jeder Weihnachtsfeier in den Himmel zu heben, weil das die anderen nur frustriert. Und zum neidvollen Mobbing anstachelt, das dann im Gerede mündet, der erfolgreiche Kollege ziehe seine Kunden ja doch nur über den Tisch oder verwöhne sie mit Bestechung und was es sonst noch an abstrusen Unterstellungen gibt.

Deutlich wird: Es ist nicht immer von Vorteil, einen Starverkäufer in der Truppe zu haben. Wer ihn nicht einfängt auf seinem Höhenflug (und den wird er bei jedem Workshop anzutreten versuchen), erwacht eines Morgens mit der schmerzlichen Erkenntnis, dass ihm plötzlich 80 Prozent des Umsatzes fehlen – weil die weniger begnadeten Verkäufer es leid waren, immer wieder auf ihre Mittelmäßigkeit hingewiesen zu werden.

Doch kommen wir zu den vielfältigen Aufgaben des Vertriebes, Starverkäufer hin oder her. Auch die müssen diese Aufgaben erfüllen. Hier die wichtigsten Tätigkeiten, wie sie in der Praxis vorkommen. Ob sie auch tatsächlich immer die richtigen sind oder im einen und anderen Fall doch nur kontraproduktiv, wird später diskutiert:

- Kontakte pflegen
- Kaltkontakte/Erstkontakte herstellen;
- Angebote erstellen;
- Termine vereinbaren;
- Präsentationen abhalten;
- Verkaufsabschlüsse tätigen;

- Projektübergabe an das Projektteam;
- Projektabnahme nach erfolgreichem Abschluss begleiten;
- Folgebetreuung der Bestandskunden und
- Der ganze Bürokram.

Wir haben schon weiter vorne Zweifel geäußert, ob es wirklich sinnvoll ist, den VB mit Kaltkontakten zu beauftragen. Diese Zweifel wollen wir hier nochmals näher begründen.

Das Zeitkonto im Vertrieb

Eine der größten Herausforderungen im Vertrieb ist und bleibt der richtige Zeiteinsatz. Da ist zunächst die Frage, wie viel Zeit ein VB auf der Straße verbringt. Der typische VB fährt in etwa 50.000 km pro Jahr mit dem Auto. Wie viel Zeit macht das aus? Vor einigen Jahren führte der ADAC eine Untersuchung durch, nach der auch Vertriebsmitarbeiter sich mit ihrem Dienstwagen im Durchschnitt mit rund 50 km/h bewegen. Das schließt Stadt- und Autobahnfahrten ein.

So kommen wir auf 1.000 Stunden pro Jahr, die der Vertriebsmitarbeiter auf der Straße verbringt. Wir wollen das ins Verhältnis zu seiner Jahresarbeitszeit setzen, rund 2.000 Arbeitsstunden. Das bedeutet tatsächlich, dass ein VB pro Jahr die Hälfte seiner Zeit auf der Straße verbringt! Schätzen wir noch weitere Tätigkeiten ab, dann kommen wir in etwa zu dem folgenden Bild (Abb. 8):

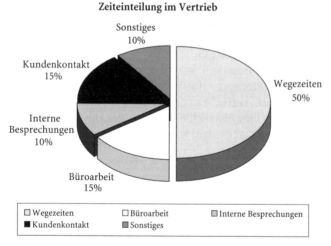

Abb. 8: Typische Zeiteinteilung im Vertrieb. Verlustreich, weil überwiegend unproduktiv

Nur etwa 15 Prozent der Arbeitszeit wird also für den tatsächlichen, persönlichen Kundenkontakt aufgewendet! Derselbe Aufwand wie für „Sonstiges", worin die vielen Telefonate für die Kaltakquise stecken. Was bedeutet: Entlasten Sie den VB von dieser ohnehin wenig geliebten Aufgabe und schicken Sie ihn nur zu sorgfältig vorbereiteten Verkaufsverhandlungen, so können Sie dessen Produktivität nahezu verdoppeln.

Und zusätzlich Kosten sparen. Denn in der Zeit, in der ein Vertriebsbeauftragter seine Zeit mit Kaltakquise verplempert, kostet er ja auch. Und zwar richtig viel:

Um einen Auftrag zu gewinnen:	1
Gibt der VB an Präsentationen:	3
Jeder Präsentation folgt ein Angebot:	3
Dafür sind an Interessenten nötig:	25
Um diese Interessenten zu gewinnen sind typischer Weise an Kaltkontakten nötig:	125

Wie viel Zeit benötigt er, um diese 125 Kaltkontakte herzustellen? Wie oft läuft er einem Ansprechpartner hinterher? Wie viele erfolglose Anrufe sind nötig, bevor er seinen Ansprechpartner an der Strippe hat? Erfahrungswerte:

Der VB benötigt pro Gespräch	4
Wahlversuche, bevor er der Zielpersonen erreicht hat (mehr ist nicht drin).	80 Prozent

Er kann pro Stunde	3
gute Gespräche führen. Um	125
Ansprechpartner zu erreichen, benötigt Ihr Vertrieb also mindestens	42 Arbeitsstunden!

42 Arbeitsstunden für nur ein einziges Gespräch! Plus Reiseaufwand dorthin! Was – bitteschön – kostet die Arbeitsstunde im Vertrieb? Hat der VB überhaupt die Zeit dazu, sich der Kaltakquise in Ruhe zu widmen? Oder macht er die Kontakte schnell mal zwischen zwei Kundenbesuchen? Wird jetzt klar, warum kein betriebswirtschaftlich denkender Unternehmer dieses Vorgehen gut heißen kann? Wird jetzt auch klar, warum Ihr Vertrieb so viele zusätzliche Arbeitsstunden braucht, um einigermaßen erfolgreich zu arbeiten?

Fazit: Kaltakquise hat im Vertrieb nichts zu suchen. Entweder, Sie bilden den Innendienst zu perfekten Akquisiteuren aus, oder Sie beauftragen spezialisierte Unternehmen, deren Mitarbeiter seit langem nichts anderes tun, als Qualitäts-Leads herbeizuschaffen. Die zweite Variante ist meist die betriebswirtschaftlich sinnvollste.

Die Werkzeuge des Vertriebes

Also: Kaltakquise ist das letzte, was der Vertrieb selbst tun sollte. Was er wirklich benötigt, sind Aufgaben orientiert einsetzbare Instrumente, die seine Arbeit rationalisieren. Die Fachliteratur ist voll davon, nach unserer Erfahrung sind es für den technischen Vertrieb vier Tools, die aber auf höchstem Stand gehalten werden müssen:

- Ein funktionierendes CRM-System (Customer Relationship Management. Der Schwerpunkt liegt auf „funktionierend", nicht auf „aufwendig" und auch nicht auf „schnell installiert"!).

- Eine perfekte Zeitplanung (nicht zu verwechseln mit Terminplanung);
- Ein Berichtswesen, das auf die Bedürfnisse des VB eingeht wie auch den Vorgaben der innerbetrieblichen Abläufe gerecht wird und
- Realistische Forecasts.

Das CRM-System

Ein CRM-System („Customer Relationship Management") dient dazu, alle Daten über Interessenten und Kunden zu verwalten. Von den Stammdaten wie Branche, Standort und Marktbedeutung über die Akquisitions- und Lieferhistorie zur Reklamationsbearbeitung, Investitionszyklen, Verschleißerwartungen bei den gelieferten Produkten, Maschinenpark und was die Verkaufsstrategie sonst noch ausmacht. Wer über ein funktionierendes CRM-System verfügt, schätzt sich glücklich, weil die Datenanalyse ihn regelmäßig an seine Aufgaben und Potenziale bei der Kundenbetreuung erinnert.

So kann es nicht mehr passieren, dass ein Bestandskunde bei der Information über Neuheiten aus Ihrem Haus schlicht vergessen wird. Viel mehr noch: Der Computer differenziert säuberlich nach den Funktionen der Ansprechpartner und selektiert die Werbemittel entsprechend. Nur schreiben kann er die Texte (noch?) nicht. Anrufen auch nicht.

Wichtiger Teil einer solchen Investition ist das „Analysetool". Darunter versteht man die Möglichkeit, aus dem Datenwust wichtige Informationen zum Beispiel

- zur Erstellung des Forecast,
- zu Voraussagen über das individuelle Kundenverhalten,
- über relevante Entwicklungen der Wettbewerbssituation und
- zur Durchsetzbarkeit von Preisen

zu erhalten. Damit wird CRM zu einem perfekten Steuerungsinstrument für Geschäftsführung und Vertriebsleitung. Ein CRM-System erfolgreich einzuführen und zu nutzen gehört mit zu den schwierigsten Herausforderungen in der kommerziellen EDV. Es gibt rund 200 Anbieter, allein in Deutschland, die entsprechende Lösungen anbieten.

Die Techniken der Zeitplanung

Darunter verstehen wir eine zielorientierte Planung des Zeiteinsatzes. Dazu ein Beispiel: Wenn ein Einsteiger zum VB gemacht wird, braucht er zunächst einmal neue Kontakte, an denen er arbeiten kann und einige Bestandskontakte, die gepflegt und entwickelt werden sollen. Es ist ungemein wichtig, dass der Zeiteinsatz für beide Aufgaben in gesundem Verhältnis zueinander steht. Darauf hat der Vertriebsleiter zu achten.

Wenn der Neuling die Hälfte seiner Zeit mit Bestandskunden verbringt (weil er sich dort wohl fühlt) aber kaum Neukontakte herstellt, dann bahnt sich ein Fehlschlag an. Der Neuling muss wissen, dass er 70 Prozent seiner Zeit für Neukontakte braucht und auch einzusetzen hat.

Ein Senior-VB hingegen, der ebenfalls Bestandskunden betreut, hat darauf zu achten, dass er rund 50 Prozent seiner Zeit einsetzt, um sein Beziehungsnetz in den betreuten Unternehmen zu erweitern. All dies hat er zu dokumentieren, denn irgendwann wird das Beziehungsnetz nach und nach an einen jüngeren Kollegen übergeben. Das fällt nicht leicht, ist aber unausweichlich. Technisch kann man zur Zeitplanung sehr gut die gängigen Zeitplaner einsetzen. Dort verankert man die Tätigkeiten nach strategischen Gesichtspunkten und setzt sie nach und nach in der „To-Do"-Liste um. Was so einfach klingt, ist eine echte Kunst, die erfolgreiche und weniger erfolgreiche Menschen unterscheidet. Es gibt gute Literatur zu diesem Thema.

Der Besuchsbericht

Der Besuchsbericht dient heute dazu, die Ergebnisse der Kundenbesuche festzuhalten, damit sie in das CRM-System eingegeben werden können. Auf diese Weise erfährt die Projektabteilung online, umfassend und zeitsparend, welche Schwierigkeiten es beim Kunden XY gibt. Eine Rücksprache ist dann nicht mehr notwendig, der VB erspart sich und seinen Kollegen im Innendienst endlose Besprechungstermine (denken Sie an die zehn Prozent der Gesamtarbeitszeit, die ein typischer VB allein für interne Besprechungen aufwendet).

Der Vertriebsleiter erkennt aus den Besuchsberichten, wie die Akquise voran geht. In der verdichteten Form des Forecast ist die Detailinformation über das jeweilige Gespräch zwar nicht mehr enthalten. Der Verkaufsleiter kann aber bequem auf den Besuchsbericht zurückgreifen.

Derartige formalisierte, einfache Besuchsberichte müssen deutlich aufzeigen, was als nächstes zu tun und wer gefordert ist. Die Formulare sollen noch beim Kunden auf Papier ausgefüllt werden. Denn niemand sollte sich dem Kunden gegenüber mit einem Labtop aufbauen. In das CRM-System selbst werden die Informationen dann später durch eigens geschulte Kräfte eingegeben.

Der Forecast (Umsatzvorausschau)

Der Forecast ist in gut geführten Vertriebsorganisationen eine heilige Kuh. Er gibt die laufende Übersicht über zu erwartende Verkaufsabschlüsse. Wichtig ist, dass er nicht einfach nur die subjektiven Einschätzungen des Vertriebsbeauftragen wiedergibt. Denn dann wäre der Forecast völlig wertlos, weil von individuellen Wunschvorstellungen geprägt. Besonders die weniger erfolgreichen VB liefern in ihrer Angst vor Rückstufungen häufig beeindruckende Forecasts als Dokument des Besserungswillens ab. Wer seine Planung auf solche Luftschlösser baut, wird früher oder später auch diese Mitarbeiter nicht mehr bezahlen können.

Bei der Erstellung des Forecast (das sollte monatlich zur Aktualisierung der laufenden Projekte und jährlich im Rahmen des Jahresgesprächs erfolgen), muss also stets der Vertriebsleiter involviert sein. Dennoch wird ein Forecast immer einen subjektiven Anteil behalten.

Es gibt einige Regeln, die helfen, den Forecast zu einem nützlichen Steuerungsinstrument für alle Bereiche im Unternehmen zu machen:

- Kein Eintrag in den Forecast, wenn nicht zuvor eine Präsentation erfolgte. Außerdem muss der Kunde zu einem Angebot aufgefordert haben.
- Nennung des vom prospektiven Kunden genannten Zeitplans. Vor allem ist der Termin wichtig, an dem er die Produkte im Falle eines Auftrags geliefert bekommen, einbauen oder in Betrieb nehmen will. Damit erhält die Produktionsplanung frühzeitig Basisdaten.
- Eine Dokumentation subjektiver Äußerungen des Ansprechpartners. Selbst solch vager wie „Wir können uns vorstellen, Ihre Lösung einzusetzen". Das hilft, die Vergabewahrscheinlichkeit abzuschätzen.

Daraus entwickelt sich die Prioritätenübersicht, in der die nächsten Termine mit den zu erwartenden Abschlüssen vermerkt sind. Dort stehen die Kontakte nach dem voraussichtlichen Abschlusszeitpunkt aufgelistet. Dabei steht der nächste „fällige" Abschluss ganz oben.

Wir raten dringend dazu, die Erstellung des Forecasts zu ritualisieren. Zum Beispiel können Sie anordnen, ihn stets auf einem bestimmten Platz des VB-Schreibtisches zu platzieren. Zögern Sie auch nicht, den Forecast immer auf Papier einer bestimmten Farbe zu verlangen. Solche Formalien unterstreichen die Wichtigkeit des Dokuments.

	A	B	C	D	E	F	G	H	I	J	K
1	Forecast	Datum:	23.11.03					Verkäufer:		Jürgen Sellmore	
2	Commitment: ich werde							Vorgabe			360.000,00
3	im kommenden Monat		30.000,00	€ Umsatz bringen							
4	im übernächsten Monat		30.000,00	€ Umsatz bringen							
5	im dritten Monat		30.000,00	€ Umsatz bringen							
6	im abgelaufenen Monat		38.570,00	habe ich € Umsatz gebracht							
7											
8	Pipeline der Projekte:				Projektstart						Folge-
9	Prio	Kunde	Projekt	Art des Auftrages	Monat	Jahr	Umsatz	Einstände	Gewicht	gewichteter	potential
10	ABCD						in EUR	in EUR	%	Auftragswert	in EUR
11	A	Amberland	SAP-Leadgewinnung	Presales Calls	1	2004	21.050,00		30	6.315,00	
12	A	Cevor	Leadgewinnung	Presales Briefings	12	2003	4.200,00		30	1.260,00	
13	C	ABC Maschinenbau	Adress-Clearing	Adressen	1	2004	38.000,00		30	11.400,00	
14	A	DSK Leasing	Leadgewinnung	Presales Calls	1	2004	22.000,00		30	6.600,00	
15	A	SBK	Leadgewinnung	Presales Briefings	12	2003	4.200,00		30	1.260,00	
16	A	Retromatic	Veranstaltung 9.12	Presales Briefings	11	2003	8.200,00		100	8.200,00	
17	C	Beta Deutschland	Bank / Versicherung	Studien	12	2003	10.000,00		30	3.000,00	
18	D	CCC	Leadgewinnung 12 Mon	Presales Calls						0,00	
19										0,00	
20					Summe:		107.650,00	0,00		38.035,00	Summe:
21											
22	**Erklärung:**										
23	**Datum:** Ende des abgelaufenen Monats.										
24	**Commitment:** der Umsatz, für den man kämpft, der realistisch ist und dessen Berechtigung in der Pipeline zu sehen ist. Erfahrungsgemäß sollte in der Pipeline der Dreifache Wert stehen.										
25	**A** = erster fakturierbarer Umsatz innerhalb von 3 Monaten										
26	**B** = erster fakturierbarer Umsatz innerhalb von 4 bis 6 Monaten										
27	**C** = Gesprächsphase, erster fakturierbarer Projektumsatz >6 Monate										
28	**D** = Kontaktphase, noch nicht näher qualifiziert										
29	**0%** = nicht qualifizierter Interessent										
30	**30%** = Angebot nach telefonischer Akquise										
31	**60%** = Angebot nach persönlichem Gespräch										
32	**85%** = Vertragsverhandlung / Briefingvorbereitung										
33	**100%** = Vertragsunterzeichnung										
34	**Umsatz in EUR** = der Wert des nächsten Auftrags. Ergibt sich hieraus ein Folgeauftrag, wird dieser in einer eigenen Zeile angegeben.										
35	**rollender Forecast** = manueller Übertrag der Umsatzspalte, um die AE-Verteilung über die kommenden 12 Monate sichtbar zu machen.										

Abb. 9: Forecast-Formular im Notebook des Vertriebsbeauftragten. Teilansicht

Die lässt sich übrigens statistisch nachweisen. Wir haben im Laufe unserer jahrelangen Beratertätigkeit festgestellt, dass etwa zehn Prozent der Verkaufschancen verloren gehen, weil der Forecast nicht zeitnah telefonisch nachgefasst wurde. Und das nur, weil er in irgendwelchen Schubladen vergessen wurde. Daher die Anweisung, den Forecast stets im Blick zu behalten. Und zwar an prominenter Stelle auf dem Schreibtisch des Vertriebsbeauftragten. Auch wenn Sie ein CRM-System benutzen, das die benötigten Formulare in elektronischer Form vorhält: Ich bestehe stets auf einem top-aktuellen und ausgedruckten Forecast-Bogen.

In verkleinerter Form hat der VB diesen Forecast aber auch in sein Zeitplanbuch integriert. Wenn er gerade zu Hause auf der Terrasse sitzt, ist der Zeitpunkt günstig, sich den Forecast noch mal vorzunehmen und die Telefonkontakte und Termine mit abschlussreifen Interessenten für die nächste Woche zu überdenken (Abbildung 9).

Wenn der Verkaufsleiter seine Vertriebsmitarbeiter gut genug kennt, um deren Gewohnheiten bei der Einschätzung von Projekten zu durchschauen, dann kommt er relativ schnell zu einem individuellen „Forecast-Faktor", der ihm hilft, die zu erwartende Produktivität eines jeden Vertriebsbeauftragten realistisch hochzurechnen. Erfahrene Vertriebsleiter können die zu erwartenden Abschlusswerte sogar in konkreten Euro-Dimensionen bis auf zehn Prozent genau kalkulieren.

Überzeugungsarbeit am Buying-Center

Immer wieder enden Vertriebsbemühungen mit einer Überraschung: Obwohl der Vertriebsmitarbeiter sicher ist, nun wirklich alles getan zu haben – der Kunde gibt seinen Auftrag an den Wettbewerb. „Wir waren zu teuer", ist dann oft zu hören. Win/Loss-Analysen zeigen aber, dass nur in wenigen Fällen der Preis allein für eine Entscheidung ausschlaggebend war. In den meisten Fällen gab es eine Person im Hintergrund, die der Vertriebsmitarbeiter nicht kennen gelernt hat, die aber letztlich die Entscheidung gekippt hat.

Dazu kommt es, weil in den meisten mittelständischen und großen Unternehmen keine Einzelperson mehr einsame Entscheidungen trifft, sondern ein „Buying-Center". Dieses Team umfasst, je nach Projektausrichtung, Mitarbeiter aus Fachabteilungen, Einkauf, EDV und Controlling. Keine Variante ist exotisch genug, um nicht ausprobiert zu werden.

Warum gibt es Buying-Center?

Das Buying-Center stellt nicht nur eine weitere Form von Teambildung dar, die zu noch mehr Besprechungen führt. Es ist vielmehr Ausdruck der zunehmenden Kompetenzverteilung in differenzierten Organisationen, wie sie ein modernes Unternehmen nun einmal darstellt. Jede Einkaufs- und Investitionsentscheidung tangiert ja nicht nur die Fachabteilung, sondern zusätzlich eine Vielzahl Beteiligter von der Finanzabteilung über die Unternehmensplanung bis zu den Technikern, die das neue Gerät einbauen müssen. Ein einzelner Sachbearbeiter in der Einkaufsabteilung ist da zwangsläufig überfordert. Zudem sind die Mitarbeiter der Fachabteilungen selbstbewusst genug, ein Mitspracherecht bei Entscheidungen, die sie betreffen, zu verlangen. Die Unternehmensleitungen unterstützten diesen Trend. Sie sehen das in etwa so:

- Niemand kennt die Geschäftsprozesse in den Fachabteilungen so gut, wie die Abteilung selbst. Die Abteilung hat ein Interesse daran, diese Prozesse möglichst einfach zu gestalten. Das senkt die Kosten und beschleunigt die Abläufe.
- Wenn die Fachabteilung mit entscheiden kann, dann wird sie später auch dafür sorgen, dass die Investition von den Mitarbeitern optimal genutzt wird.
- Wenn die Fachabteilung mitreden und mitentscheiden kann, dann gibt es auch später nichts mehr zu meckern!!

Für den Vertrieb bedeutet dies, dass er sich mit den verschiedensten Temperamenten, Interessen und Meinungen auseinander zu setzen hat. Je nachdem, wie das Buying-Center seine Entscheidungen trifft, muss entweder jede Person einzeln überzeugt werden oder zumindest eine qualifizierte Mehrheit. Oft genug sind die Entscheidungen des Buying-Centers jedoch keine klassischen Mehrheitsvoten, sondern gewichtet. So muss zum Beispiel eine Fachabteilung, die eine neue EDV-Lösung erhalten soll, immer mit der Neuanschaffung einverstanden sein. Die Meinung zum Beispiel eines auch im Buying Center vertretenen Controllers spielt dann solange keine Rolle, wie die Investition im vorab gesteckten Rahmen bleibt. Dann ist er für den Software-Verkäufer zunächst einmal nicht wichtig. Dafür umso mehr die Mitarbeiter der EDV-Abteilung, die davon überzeugt werden müssen, dass das neue Programm auch mit der übrigen EDV im Unternehmen kompatibel ist.

Deutlich wird: Die Arbeit mit dem Buying-Center setzt eine Menge an Einfühlungsvermögen in betriebliche Abläufe voraus. Somit wachsen natürlich die Anforderungen an einen Vertriebsbeauftragten entsprechend. Er muss seinen Kunden als Organismus verstehen lernen.

Mit wem haben wir's im Buying Center zu tun?

Natürlich „menschelt" es im Buying-Center ganz heftig. Eitelkeiten können eine große Rolle spielen. Jede(r) will zeigen, was für ein toller Kerl sie/er ist. Und dann ist da noch der arme – potenzielle – Lieferant, dem man das Leben nicht zu leicht machen will. So treffen wir auf:

- Sponsoren/Freunde,
- Skeptiker,
- Blocker/Feinde,
- Controller,
- Organisatoren und
- einige andere Rollenspieler.

Am liebsten sind uns natürlich die Sponsoren/Freunde. Die Gefahr besteht allerdings, dass der Vertriebsbeauftragte nur noch mit diesen spricht und damit den Blick für das Buying-Center als Ganzes verliert. Damit verliert er meist auch den Auftrag. Denn die anderen Personen wollen auch überzeugt werden. Wenn sie hingegen den Eindruck gewinnen, dass der Vertrieb sie nicht ernst nimmt, geht das Projekt mit Sicherheit verloren. Typischer Kommentar des Vertriebsmitarbeiters: „Ich hatte doch immer so gute Gespräche mit Frau Müller. Jetzt sagt sie mir, sie konnte nicht mehr verhindern, dass der Auftrag an den Wettbewerb ging".

Selbstverständlich ist es viel schwieriger, einen Skeptiker zu überzeugen oder einen Blocker/Feind (ein Blocker muss aber nicht unbedingt auch ein „Feind" sein!) zu gewinnen. Der Skeptiker sieht möglicherweise Probleme, wo keine sind. Der Blocker hat kein Vertrauen, sieht seine Position gefährdet oder möchte ganz einfach umworben werden. Vielleicht bevorzugt er auch einen bestimmten Lieferanten, mit dem es gute Erfahrungen gibt.

Verkaufen fängt dort an, wo der Interessent zum ersten Mal „Nein" gesagt hat. Also konzentriert sich der erfahrene VB darauf, die Skeptiker und Blocker zu gewinnen. Hier ein paar Anmerkungen zu wirkungsvollen Techniken, mit denen ein Buying-Center geknackt werden kann.

Wenn der Vertrieb die tatsächlichen Gründe für die Haltung der einzelnen Personen des Buying-Center kennen würde, wäre der Verkauf viel einfacher. Doch niemand gesteht Ihnen: "Ich befürchte, meine Stellung im Unternehmen zu schwächen, wenn wir Ihr Produkt kaufen".

Ein Weg, sich die wahren Motive und Machtverhältnisse vor Augen zu führen, ist die Auskunftsmatrix. Sie hat den Vorteil, dass sie dem VB sehr formal vor Augen führt, welche Meinung eine Person zu den Motiven und Überlegungen anderer Personen hat.

Um eine Auskunftsmatrix erstellen zu können, konfrontiert der VB seine Gesprächspartner mit Kernaussagen, die die Kollegen des Buying Centers getan haben. Danach fasst er diese Aussagen nach folgendem Muster zusammen (Abb. 10):

	Meier meint zu:	Schulz meint zu:	Müller meint zu:
Meier (Leiter Fertigung)	Ich unterstütze Ihr Konzept, weil es unsere Fertigung transparent und steuerbar macht.	Meier möchte in seiner Fertigung nicht zu kontrollierbar sein.	Meier hat ständige Probleme mit der Fertigungssteuerung. Das klappt nicht gut.
Schulz (Leiter Controlling)	Der gute Schulz sieht nur seine Zahlen und nicht die ganzen Probleme, die wir in der Fertigung haben.	Eine Übersicht über die Fertigungs- und Materialkosten wäre gut, weil uns diese unkontrolliert davonzulaufen beginnen.	Schulz braucht jetzt vernünftige Zahlen – und zwar sehr schnell. Tempo ist für uns jetzt wichtig. Alles geht zu langsam.
Müller (Vorstand)	Der Vorstand investiert nicht gerne in Software. Er kauft lieber Maschinen für die Produktion.	Wir müssen mit dem bewilligten Etat auskommen. Nachgelegt wird nicht.	Die Fertigung hat mir viele Probleme bereitet. Ich bin skeptisch, ob noch mehr EDV das Problem lösen wird.

Abb. 10: Beispiel für eine Einstellungsmatrix

In der täglichen Praxis sind die Auskünfte nicht immer so eindeutig. Manchmal erfährt man ja auch nur Gerüchte, oder man wird bewusst in die Irre geführt. Es braucht daher einige Mühe, um die Meinungen der Entscheider zu erkennen und zu klassifizieren. Trösten wir uns damit, dass dies die klassische Aufgabe des Vertriebes ist und er ja Zeit gewonnen hat, weil ihm die lästige Kaltakquise abgenommen wurde.

Die „Wohlfühl-Bedingungen"

Erst dann, wenn sich alle Mitglieder des Buying-Center bei der anstehenden Entscheidung wohl fühlen, kann sie auch zu Ihren Gunsten getroffen werden. Das ist die Kunst. Wie sieht dieser Wohlfühl-Zustand aus?

Außenseiter-Meinungen respektieren

Wer eine Außenseiter-Meinung einnimmt, fühlt sich meist nicht sehr wohl. Ein Teil der Vertriebskunst besteht darin, die Außenseiter so weit einzubeziehen, dass sie sich nicht ausgegrenzt fühlen, sich andererseits aber auch nicht „geschlagen geben müssen".

Alle Standpunkte einbeziehen

Wenn alle Mitglieder des Buying-Centers das gute Gefühl haben, sie konnten zu dem gefundenen Konzept etwas beitragen, dann tragen sie die Entscheidung viel besser mit. Sie sollten das Gefühl haben, ihre eigene Lösung, ihr Konzept, ihre Ideen irgendwo wieder zu finden. Etwas von der Lösung trägt auch ihren Namen. Der gemeinsame Konsens führt dann schnell zur Einstimmigkeit bei der Vergabe.

Auf der „richtigen" Seite stehen

Niemand möchte auf Seiten der Verlierer stehen. Wenn sich abzeichnet, welches Konzept gewinnen wird, dann sucht „die andere Seite" eine elegante Möglichkeit, die Fronten zu wechseln: „Wir haben doch schon immer gesagt …". „Im Grundsatz ist Ihr Konzept mit unserem Vorschlag ohnehin identisch, weil …" So und ähnlich hören sich Deserteure an. Bauen Sie dieser Gruppe eine Brücke. Gewinnen Sie erst die Herzen, dann die Köpfe der Entscheider.

Gut zu wissen

Bevor Sie aber so weit sind, den Deserteuren eine Brücke zu bauen, müssen Sie so schnell wie möglich die Basis und Struktur des Buying-Centers kennen. Vielfach lassen sich daraus auch die Grundmotive für die anstehende Investitionsentscheidung herauslesen. Diese Fragen sollte der Vertriebsbeauftragte also sehr früh beantworten und im CRM-System hinterlegen.

Vertriebscontrolling

Das Thema ließe sich nahezu beliebig ausweiten. Ich konzentriere mich daher auf einige Kernkompetenzen, bei denen die Erfahrung gezeigt hat, dass sie gerade für mittelständische Anbieter von technischen Produkten besonders wichtig sind.

Es geht um drei Arten von Erkenntnissen und Tools im praktischen Vertriebscontrolling:

1. Daten für die Unternehmensplanung ableiten;
2. Instrumente, die den Vertriebsleiter in die Lage versetzen, seine Truppe ergebnisorientiert zu führen und
3. Techniken, die zu Kenndaten führen, die der Vertriebsbeauftragte für die optimale Organisation seiner Arbeit braucht. Die ihn also in die Lage versetzen, stets die richtigen Prioritäten zu setzen.

Leider wird Vertriebscontrolling von den meisten Vertriebsmitarbeitern mehr als Kontrolle, denn als Hilfe verstanden. Insbesondere die schwächeren VB sehen das so. Wenn er sich bei der Wahrnehmung seiner Führungsaufgabe Daten aus dem Controlling bedient, bewegt sich der Vertriebsleiter daher stets auf dem schmalen Grat zwischen straffer Führung und Demotivation.

Deswegen kommt es beim Vertriebscontrolling so stark auf die Dosierung der Controlling-Ergebnisse an. Optimal scheint uns die Vorgehensweise, auf allen Ebenen Ziele zu vereinbaren, die leicht verständlich und akzeptabel sind. Jeder Vertriebsmitarbeiter versteht, dass er aus fünf gut vorbereiteten Leads einen Termin machen muss. Wenn jeder Kollege das leistet, dann wird sich auch ein schwächerer oder ganz neuer VB darauf einlassen.

Oder: Wenn bei drei Terminen zwei Angebote verlangt werden und ein Angebot zum Abschluss kommt, ist das für einen VB viel besser greifbar als die pauschale Forderung „40.000 Euro Umsatz". Vorsicht also vor Zielen, die der VB nicht in leicht versteh- und realisierbare Einzelaktionen („vier Besuche, drei Präsentationen, zwei Angebote, ein Abschluss") zerlegen kann. Abstrakte Ziele, vor allem die hoch aggregierten werden daher nicht ernst genommen, weil sie intransparent sind.

Wenn der Verkaufsleiter aber aufgrund transparenten Controllings zeigen kann, wie Kontaktarbeit, Termine, Präsentationen und Angebote Schritt für Schritt zu Erfolg führen, dann haben es beide leichter, ihre Ziele auch wirklich zu erreichen.

Die Ableitung der Daten für die Unternehmensplanung

Meist befasst sich die Geschäftsleitung eines Technik orientierten mittelständischen Betriebs erst dann mit den Daten aus dem Vertrieb, wenn die Auftragslage dünn wird. Dann steht der Chef vor einer drohenden Unterauslastung der Produktionskapazitäten und sieht sich vor einer zunächst unüberschaubaren Durststrecke. Ein Blick auf die Reports macht ihm nämlich deutlich: Es wurden in der letzten Zeit viel zu wenige Leads generiert, viel zu wenige Telefonkontakte aktiviert und viel zu wenige Präsentationen durchgeführt. Selbst, wenn er jetzt sofort Gas gibt, dauert es mehrere Monate, bevor sich die ersten Erfolge einstellen.

Daher ist es wichtig, in einer ersten Phase überhaupt einmal einen Überblick zu bekommen, wann mit Neuaufträgen zu rechnen ist. Die Quellen dafür sind ein Blick

- auf die Kontakt- und Terminübersicht;
- die Forecast-Bögen und
- die Verkaufsstatistiken.

Diese Daten setzen den Rahmen für die nun kommenden schwierigen Monate. Sind die überstanden, wird der Chef wissen, dass Vertriebscontrolling sich bestens zur Krisenbewältigung eignet und nicht erst dann eingerichtet werden darf, wenn es bereits eng geworden ist.

Die Vorteile eines steuerungsorientierten Controllings liegen somit auf der Hand:

- Als Frühwarnsystem: Bevor die Umsätze ausbleiben, wird bereits erkannt, dass Kontakte und Termine in ausreichender Zahl fehlen.
- Als Indikator für Widerstände. Wenn der Verkauf insgesamt gut läuft, einzelne Waren oder Zielgruppen jedoch nicht im Plan liegen, liefert das Vertriebscontrolling die notwendigen Informationen zur Aufdeckung der Gründe.
- Für das Aufspüren von Problemen mit den Absatzwegen oder mit einzelnen Vertriebspartnern.

Damit erhält nicht nur die Geschäftsführung relevante Daten, sondern auch der Vertriebsleiter dieselben für seine Führungsaufgabe und der Vertriebsbeauftragte für seine Selbstorganisation. Auf welcher Datenbasis wird gearbeitet?

Nutzung der Controlling-Quelle Kontakt-/Terminübersicht

Das vorhandene CRM-System sollte es Ihnen möglich machen, auf Knopfdruck eine Übersicht über den Status der momentanen Kontakte und das Ergebnis daraus zu bekommen. Viele Systeme lassen dafür eine Gewichtung zu, aus der man erkennen kann, wie „gut" ein Kontakt ist, welcher Bedarf dort herrscht und ob er als Kunde in nächster Zeit in Frage kommt.

Für die Gewichtung der einzelnen Positionen in der Terminübersicht müssen Sie berücksichtigen: *Präsentationstermine* setzt ein Kunde meist mit den drei interessantesten Anbietern an. Die Chance auf einen Abschluss liegt somit typischerweise bei 1:3. So lässt sich abschätzen, wie nahe der Vertriebsmitarbeiter vor einem Abschluss steht.

Ähnlich ist es mit den *Kontakten*. Wenn der Kunde einen Termin verabredet, ist das erst einmal ein Schritt in die richtige Richtung. Wenn die Auskunft lautet: „Status unklar, keine Auskünfte", dann wird der Rat des Verkaufsleiters lauten, den Kontakt zu einer anderen Zielperson zu suchen. Pro Vertriebsmitarbeiter sollte es eine Liste geben, in etwa dieser Art (Tabelle 13):

Tabelle 13: Kontakt-/Terminliste für Vertriebsaktivitäten

Termine		
Müller AG	A-Lead > Entscheidung 4/2004	Präsentation T 15. 3. 2004
Meier GmbH	C-Lead	Präsentation T 16. 3. 2004
Schulze KG	E-Lead > kein Projekt in 2004	Präsentation T 22. 3. 2004
Kontakte		
Helmreich GmbH	Wünscht Termin in 4/2004	
Witzig KG	Status unklar, keine Auskünfte	

Der Verkaufsleiter prüft, ob die Entscheidung des Kunden „Müller AG" im April 2003 erfolgt ist und ob die Helmreich GmbH im gleichen Monat den Termin zugesagt hat. So gewinnt er eine Übersicht darüber, wie verlässlich die Auskünfte der VB sind.

Nutzung der Controlling-Quelle Gesamt-Forecast

Aus den zusammengefassten Kontakt-/Terminübersichten der einzelnen Vertriebsmitarbeiter leitet sich der Gesamt-Forecast ab. In ihn sollten nur jene Kontakte eingehen, die entweder in den nächsten vier Wochen zu einem Abschluss führen oder bei denen der Vertriebsmitarbeiter die Hilfe des Verkaufsleiters braucht.

Ein besonders wachsames Auge sollte der Vertriebsleiter auf alle „Schläfer" haben. Damit bezeichnen wir die Einträge im Gesamt-Forecast, die sechs Monate lang immer wiederkehren, aber doch nicht zu einem Abschluss geführt haben. Es empfiehlt sich, die ganzen guten Gründe zu ignorieren, die der Vertriebsmitarbeiter für die Existenz solcher „Schläfer" angibt, sie sind meist doch nur Ausreden. Setzen Sie klare Duldungsfristen. Wenn ein Kontakt nach acht Wochen immer noch im Gesamt-Forecast vor sich hin dümpelt, wird er in den Leadpool zurückgegeben.

Mit einer Übersicht über die tatsächlichen Abschlüsse und die Forecasts der Vertriebsmitarbeiter kann für jeden VB seine persönliche Erfolgsquote ermittelt werden. Beginnend beim Lead, über Kontakte, Termine und Präsentationen bis zum Abschluss kann somit der gesamte Verkaufszyklus verfolgt werden.

Mit zunehmender Erfahrung der Vertriebsmitarbeiter werden die „Lernkurven" vergleichbar. Wichtig ist natürlich auch, dass die Leads, die jeder VB erhalten hat, in etwa von gleicher Qualität sind. Auch die zu verkaufenden Produkte müssen dann selbstverständlich vergleichbar sein. In der Praxis sieht ein solcher „Verkaufstrichter" dann wie in Abb. 11 dargestellt aus.

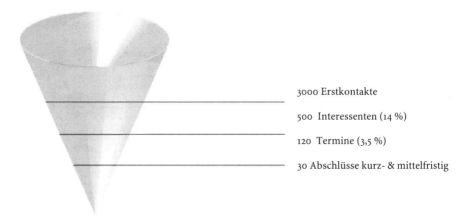

3000 Erstkontakte

500 Interessenten (14 %)

120 Termine (3,5 %)

30 Abschlüsse kurz- & mittelfristig

Abb. 11: Verkaufstrichter. Arbeitet die Organisation gut, erzielt sie bei jeder Kampagne eine Erfolgsquote von zwei Prozent

Der Vertriebsmitarbeiter erzielte in diesem Fall eine Abschlussquote von 50:1, das entspricht zwei Prozent – kein schlechter Schnitt.

Vorausplanung mit dem Gesamt-Forecast

Der gut geführte Gesamt-Forecast ist ein ausgesprochen wichtiges Führungs- und Planungsinstrument. Mit ihm lassen sich – immer auf Basis einer soliden Marktübersicht – Antworten auf die wichtigsten Fragen nach der Sicherung des Vertriebserfolges geben.

Das gesamte Forecast-Gerüst steht und fällt mit einer ständigen Erfolgskontrolle. Die nachfolgenden Fragen dienen teilweise der Kontrolle. Der Forecast ist das wichtigste Kontrollinstrument, um zu erkennen, ob Wachstumsziele erreicht werden können. Jeder Vertriebsmitarbeiter muss seine Zahlen kennen, um zu wissen, ob er seinen Beitrag leisten kann.

Fragen an den Verkaufsleiter

Diese Grundfragen beschäftigen den Verkaufsleiter in jedem Unternehmen. Die Durchsicht der Arbeitsberichte beantwortet sie:

- Welche Marktanteile sind noch zu gewinnen?
- Wie hoch sind die Deckungsbeiträge in jedem Teilzielmarkt?
- Welches sind die Marktanteile der drei größten Wettbewerber in jedem Teilmarkt?
- Welches sind die Preise der drei größten Wettbewerber im Vergleich zum eigenen Unternehmen?
- Wie viele Projekte, an denen auch Wettbewerber mit bieten, erhält das Unternehmen?

- Kennen wir, zum Beispiel aus einer Befragung der Kunden, die drei wichtigsten Gründe, weswegen ein Unternehmen bei uns kauft und warum jemand nicht bei uns kauft?
- Wie viele Aufträge (Quote) verlieren wir wegen angeblich zu hoher Preise?
- Wie liegt unser Umsatzwachstum im Vergleich zum Wachstum der Wettbewerber?
- Mit welchen Reklamationen haben wir regelmäßig zu tun?

Mehr braucht es eigentlich nicht für ein auskunftsfähiges Vertriebscontrolling. Jetzt müssen Sie nur noch dafür sorgen, dass Ihre Leute von der Front es akzeptieren. Führen Sie es am besten ein, indem Sie den Verkäufern erst die Vorteile des Systems erläutern. Dann akzeptieren sie früher und später auch die disziplinierenden Elemente. Denn im Prinzip wollen sie ja dasselbe wie Sie: mit dem Unternehmen Geld verdienen.

Bibliographie – ausgewählte Fachliteratur

Wie man Kunden gewinnt; Heinz M. Goldmann; Verlag W. Girardet, Essen 1980; 9. Auflage

Ein Verkaufsklassiker, der sich mit den Abläufen im Verkauf beschäftigt, sowie mit Verkaufstaktik und Verkaufstechniken. Gut zu lesen, nützlich und überhaupt nicht veraltet.

Verkaufserfolge auf Abruf; Edgar K. Geffroy; Verlag moderne Industrie, 1992; 7. Auflage

Auf jeweils einer Druckseite wird ein Thema angerissen. E. Geffroy war für einige Jahre ein Erfolgsautor auf dem Gebiet des klassischen Verkaufens. Seine Darstellung ist gut lesbar, sehr praxisnah, leidet aber hin und wider am Zwang zur „Ein-Seiten-Darstellung".

Das einzige was stört ist der Kunde; Edgar K. Geffroy; Verlag moderne Industrie, 1994; 4. Auflage

Nachdem die Ein-Seiten-Methode aus der Mode gekommen war, hier nun ein Fachbuch, das sich stärker auf die Verkaufspsychologie ausrichtet. Viele interessante Einzelaspekte. Auch wenn der Autor gerade in diesem Buch den Versuch macht, mit „Clienting" einen roten Faden zu liefern, so fehlt mir gerade eben diese klare Linie.

Der Beziehungs-Manager; Helmut Seßler; Korter-Verlag, 1997, 1. Auflage

Helmut Seßler bildet Franchisenehmer aus, die selbst Verkaufstrainings durchführen. Die dazugehörige Methode nennt sich „INtem-Trainerausbildung". Seßler stellt die persönliche Beziehung zum Endkunden in den Mittelpunkt seiner Überlegungen. Da man sein Verhalten nur Schritt für Schritt ändern kann, trainiert er seine Verkäufer ebenfalls Schritt für Schritt. So stellt er sicher, dass der Trainer nicht nur ein einziges Training verkaufen kann, sondern immer wieder, eben aufgrund der „Intervall-Training"-Methode. Nicht revolutionär, aber gut gemacht und bodenständig.

Solution Selling; Michael T. Bosworth, McGraw-Hill, New York 1995

Michael Bosworth ist ein Kind der New Economy. Er stellt sich Verkauf als einen planbaren Prozess vor, der ganz ähnlich abläuft, wie ein Computerprogramm. Menschen kommen in seiner Denkwelt höchstens mal als Faktor vor, der den Verkauf behindert. Das Buch scheint mir aufgrund methodisch sauberer Ansätze durchaus lesenswert. Mit den dort beschriebenen Methoden kann man sich die Vertriebsarbeit transparent und zielführend gestalten.

Marketing besser verstehen; Malte W. Wilker, Gabler Verlag, Wiesbaden 1981
Malte Wilkes ist ein Praktiker im besten Sinne des Wortes. Dies spürt man in jeder Zeile seiner Darstellung. Ein Fachbuch, das sehr viele Themen streift, auch solche, die sich ausschließlich mit Konsumgütermarketing beschäftigen. Eine recht nützliche Lektüre.

The Sales Manager's Book of Marketing Planning; David W. Cravens, Dow Jones-Irwin, Homewood, Illinois 1983.
Eine pragmatische Darstellung zum Thema „Marketingplanung".

Principles of Marketing; William T. Ryan, Dow Jones-Irwin, Homewood, Illinois 1980.
Ein gutes Buch, das Grundlagenwissen vermittelt. Auch wenn die Darstellung schon mehr als 20 Jahre als ist, gehört nichts davon „zum alten Eisen". Lesenswert.

Druck: Strauss GmbH, Mörlenbach
Verarbeitung: Schäffer, Grünstadt